**AI 시대,
태권도장의 성공은
사람에게서
시작된다**

AI 시대, 태권도장의 성공은 사람에게서 시작된다

발행일	2025년 9월 25일
지은이	손민호
펴낸이	손형국
펴낸곳	(주)북랩
출판등록	2004. 12. 1(제2012-000051호)
주소	서울특별시 금천구 가산디지털 1로 168, 우림라이온스밸리 B동 B111호, B113~115호
홈페이지	www.book.co.kr
전화번호	(02)2026-5777 팩스 (02)3159-9637
ISBN	979-11-7224-860-4 03370 (종이책) 979-11-7224-861-1 05370 (전자책)

잘못된 책은 구입한 곳에서 교환해드립니다.
이 책은 저작권법에 따라 보호받는 저작물이므로 무단 전재와 복제를 금합니다.
이 책은 (주)북랩이 보유한 리코 장비로 인쇄되었습니다.

작가 연락처 문의 ▶ ask.book.co.kr

작가 연락처는 개인정보이므로 북랩에서 알려드릴 수 없습니다.

(주)북랩 성공출판의 파트너

북랩 홈페이지와 SNS에서 다양한 출판 솔루션을 만나 보세요!

홈페이지 book.co.kr • 블로그 blog.naver.com/essaybook • 출판문의 text@book.co.kr
카톡채널 북랩

관계와 신뢰로 완성되는 사람 중심 도장 경영

AI 시대,
태권도장의 성공은
사람에게서
시작된다

손민호 지음

북랩

프롤로그

AI 시대, 그러나 태권도의 성공은 사람에게서 시작된다.

몇 해 전, 내 도장에서 수련하던 한 제자가 있었다.

그 아이는 체력이 약하고, 무엇을 해도 쉽게 포기하는 습관이 있었다. 발차기를 연습하다가도 조금만 힘들면 멈추었고, 시합에 나가면 긴장에 눌려 금세 눈물을 보였다.

그러던 어느 날, 수업 도중 그 아이가 또다시 매트 위에 주저앉아 울음을 터뜨렸다. 주변 제자들은 이미 연습을 이어 가고 있었지만, 그 아이만은 고개를 떨군 채 일어나지 못했다. 그 순간, 내가 다가가 어깨를 가볍게 두드리며 이렇게 말했다.

"네가 오늘 끝까지 포기하지 않았다는 것, 그것만으로도 너는 이미 이긴 거야."

그 말을 들은 아이는 눈물을 닦고 다시 자리에서 일어섰다. 그리고 그날 이후, 조금씩 달라지기 시작했다. 예전에는 힘들면 포기하던 아이가 이제는 끝까지 버티며 수련을 마무리했고, 작은 성공에도 스스로 환하게 웃을 줄 알게 되었다.

얼마 지나지 않아 그 아이의 부모님이 내게 이렇게 말했다.

"관장님, 아이가 도장에서 배운 걸 학교에서도 그대로 보여 주더라고요. 예전에는 늘 움츠렸는데, 지금은 뭐든 끝까지 해 보겠다고 도전합니다. 정말 고맙습니다."

그 순간 나는 다시금 확신했다.
아이들은 기계가 아니다.
데이터나 시스템은 결코 아이의 눈빛과 마음속 변화를 설명할 수 없다.
지도자의 말 한마디, 기다려 주는 침묵, 따뜻한 격려의 손길 속에서 아이는 달라지고 성장한다.

오늘날 우리는 AI가 모든 것을 바꾸는 시대에 살고 있다.
ChatGPT와 같은 인공지능, 끝없이 쏟아지는 정보와 아이템들…. 젊은 지도자들조차 따라가기 벅찰 만큼 세상은 너무 빠르게 흘러가고 있다. 태권도장 역시 출석 관리, 데이터 분석, 학부모 상담까지 시스템이 대신할 수 있는 시대가 되었다.
하지만 나는 한 가지 안타까운 현실을 본다.
많은 지도자들이 너무 쉽게 정보를 얻으려 한다는 것이다.

인터넷과 데이터에 의존해 답을 찾다 보니, 정작 아이들과 눈을 마주하고 대화하는 시간은 줄어들었다. 아이의 고민을 듣고, 작은 표정 변화를 살피며, 마음을 열어 가는 과정을 소홀히 하게 되는 것이다.

AI는 답을 줄 수 있지만, 아이의 마음을 들어 주는 일은 절대 대신할 수 없다.

태권도 교육은 지식이나 데이터가 아니라 사람과 사람 사이의 관계 속에서 살아 숨 쉬는 철학이다.

그래서 나는 이 책을 쓰게 되었다.

빠른 시스템도 필요하고, AI도 도움이 된다. 하지만 그것보다 더 중요한 것은 언제나 사람이다.

지도자가 제자의 가능성을 믿어 주는 마음,
제자가 땀 흘리며 배워 가는 인내,
부모와 도장이 함께 쌓아 가는 신뢰.

이것이야말로 태권도장의 진짜 성공이며,
AI 시대에도 결코 변하지 않을 가치다.

2025년 9월
손민호

차 례

프롤로그　　　　　　　　　　　　　　　　　　　　　　　5

1부 AI 시대와 태권도장의 새로운 도전

1장 AI와 ChatGPT 그리고 태권도장의 현재　　　　15
    AI·ChatGPT가 불러온 변화　　　　　　　　　　　16
    태권도 교육 현장의 디지털 전환　　　　　　　　　19
    기술이 대체하지 못하는 교육 영역　　　　　　　　22

2장 기술의 도움과 한계: 데이터가 줄 수 없는 것　　27
    수치로는 설명할 수 없는 성장　　　　　　　　　　28
    교육의 감성과 관계의 힘　　　　　　　　　　　　30
    AI가 놓치는 '마음의 신호'　　　　　　　　　　　32

3장 전 세계 네트워크 시대, 태권도장의 기회와 위기　35
    국경 없는 교육 경쟁　　　　　　　　　　　　　　36
    온라인·글로벌 네트워크 활용 전략　　　　　　　38
    지역성을 잃지 않는 브랜딩　　　　　　　　　　　40

4장 AI 시대의 지도자 정체성   43
    기술보다 앞선 리더의 철학   44
    AI를 도구로 쓰는 법   46
    변하지 않는 지도자의 존재 가치   48

2부 성공하는 태권도장의 사람 중심 철학

1장 태권도장의 철학과 비전 세우기   53
    사명과 목표의 명확화   54
    비전이 운영 방향을 결정한다   56
    철학이 흔들릴 때의 위험   59

2장 태권도보다 중요한 인성 교육   63
    기술보다 먼저 가르쳐야 할 것   64
    인성 교육의 단계별 설계   67
    AI 시대에도 필요한 인성 리더십   70

3장 초심과 수련생 중심 교육   73
    첫 수업의 감동 만들기   74
    아이가 주인공이 되는 수업   76
    초심 유지 시스템   79

4장 지도자의 리더십과 신뢰   83
    존경받는 지도자의 조건   84
    신뢰를 쌓는 말과 행동   87
    위기 속 리더십   89

5장 상담의 힘- 등록보다 중요한 관계 형성   93
    상담은 '판매'가 아니라 '공감'   94
    부모 마음을 여는 질문   96

  관계가 등록을 만든다   98

6장 부모, 수련생, 지도자가 함께 성장하는 삼위일체 교육   101
  교육 주체 3자의 역할   102
  신뢰 기반 공동 목표 세우기   105
  함께 만드는 성장 스토리   107

3부 사람을 키우는 경영 전략

1장 퍼스널 브랜딩- 관장의 색을 만들다   113
  지도자의 색이 도장의 색이다   114
  나만의 강점 찾기   117

2장 팀워크와 조직 문화- 직원과 보조 사범 관리   121
  건강한 조직 문화 설계   122
  역할 분담과 책임 부여   124
  갈등을 성장의 기회로   126

3장 오래 함께하는 사범 만들기   129
  성장 경로와 비전 제공   130
  인정과 보상의 힘   132
  퇴사율을 낮추는 환경 만들기   133

4장 교육의 작은 성공 경험 설계   137
  단계별 목표 설정   138
  '성공 경험'의 심리학   140
  지속적인 동기 부여 전략   142

5장 특별 프로그램과 캠프 운영   145
  차별화된 콘텐츠 기획   146

시즌별·연령별 운영 팁	148
학부모 참여 프로그램	151

6장 승급 심사와 성장 스토리 만들기   153

심사 기준의 명확화	154
성장 피드백 제공법 방식	156
심사를 '축제'로 만드는 방법	157

4부 AI를 활용한 스마트 도장 운영

1장 AI 시대의 수업 관리와 데이터 활용   163

출석·성취 데이터 분석	164
데이터 기반 피드백	166

2장 ChatGPT를 활용한 홍보·마케팅 전략   169

블로그·SNS 콘텐츠 자동 생성	170
부모 눈에 띄는 마케팅 문구 만들기	174
지역 최적화 홍보 전략	176

3장 AI 기반 상담 자료 및 커뮤니케이션 자동화   179

상담 전 자료 자동 준비	180
반복 질문 자동 응답	184
상담 후 피드백 자동 발송	187

4장 기술과 사람의 조화로운 운영 모델   189

AI와 인간의 역할 구분	190
기술 과잉의 부작용	193
효율을 위한 기술의 역할	194

5장 운영비 절감을 위한 스마트 설비와 AI 활용   197
    에너지 절약형 설비 도입   198
    AI 기반 비용 분석   201
    장기 운영비 절감 로드맵   203

5부 지속 가능한 태권도장 만들기

1장 장기적 입지 선정과 자가 건물 전략   207
    입지 분석 방법   208
    임대와 자가의 장단점   210
    부동산 가치와 경영 안정성   212

2장 명품 브랜드처럼 브랜딩하는 태권도장   215
    브랜드 철학 확립   216
    프리미엄 이미지 구축법   218
    '줄 서는 도장' 만들기   222

3장 미래 교육과 글로벌 태권도 네트워크   225
    해외 교류·연수 프로그램   226
    글로벌 마케팅 채널   228
    세계 속 태권도장의 역할   230

4장 AI 시대를 넘어, 사람으로 완성되는 경영   233
    시대를 초월한 교육 가치   234
    사람 중심 경영의 최종 목표   236
    다음 세대를 위한 유산   239

    에필로그   242

1부

AI 시대와 태권도장의
새로운 도전

AI와 ChatGPT
그리고 태권도장의 현재

 장

AI·ChatGPT가 불러온 변화

2022년 말, ChatGPT라는 이름이 세상에 공개되었을 때, 처음엔 대부분이 '또 하나의 기술 유행'쯤으로 여겼다.

그러나 몇 달도 지나지 않아 사람들의 인식은 완전히 바뀌었다.

이 인공지능은 단순한 정보 검색 도구가 아니라, 마치 옆에 앉아 대화하는 조력자처럼 자연스럽게 의견을 제시하고 글을 써 주었다.

질문 하나로 마케팅 문안을 만들고, 행사 계획을 제안하며, 교육 자료의 초안을 순식간에 뽑아 주는 능력은 우리 모두가 기술의 경계를 다시 보게 만들었다.

태권도장 운영도 예외가 아니었다.

관장과 지도자들이 수십 번 수정하던 행사 안내문, SNS 홍보 글, 학부모 대상 공지문이 이제는 키워드 몇 개만 입력하면 완성된다.

아이디어가 막힐 때면 ChatGPT에게 물어본다.

"여름 방학 특강 프로그램을 어떻게 구성하면 좋을까?"

잠시 후면 연령별, 수준별, 흥미 중심으로 세분화된 제안이 줄줄이 나온다.

이 변화는 단순히 업무 시간을 줄여 주는 수준이 아니다.

AI는 이제 도장 운영의 '패턴'을 바꿔 놓았다.

예전엔 주로 경험과 감에 의존하던 계획이, 이제는 데이터와 제안 기반의 기획으로 변하고 있다. 마치 종이 지도를 보며 길을 찾던 시절에서 스마트 내비게이션을 쓰는 시대로 옮겨 온 것과 같다.

업무 효율성의 비약적 향상

나 역시 처음엔 반신반의했다.

하지만 몇 번 써 보니 그 효과는 분명했다.

기존에는 홍보문 한 편을 쓰는 데 1~2시간이 걸렸지만, ChatGPT를 활용하니 10분이면 충분했다. 이렇게 절약된 시간은 곧 아이들과의 수업, 부모 상담, 프로그램 기획에 다시 투자할 수 있었다.

AI는 나에게 '시간을 돌려주는 도구'가 된 셈이다.

더 놀라운 건 아이디어의 폭이었다.

과거에는 한정된 경험과 사례 속에서만 계획을 짰다면, 이제는 전 세계의 아이디어와 사례를 한번에 접할 수 있다.

해외 태권도장의 특이한 행사, 새로운 지도법, 교육 트랜드까지 즉시 참고할 수 있으니 시야가 넓어질 수밖에 없다.

변화의 이면

하지만 여기서 한 가지 중요한 사실을 놓쳐선 안 된다.

아무리 좋은 도구도 쓰는 사람의 철학과 기준이 분명하지 않으면, 그 가치는 반감된다.

AI가 제시하는 아이디어와 문장은 어디까지나 '초안'이다.

그것이 내 도장의 철학과 교육 방향 그리고 아이들의 성향에 맞도록 가다듬는 것은 전적으로 지도자의 몫이다.

그 과정을 거치지 않은 채 그대로 쓰면, 결국 모든 도장이 비슷비슷한 모습으로 변해 버린다. AI는 방향을 제시할 수 있지만, 목적지는 지도자가 정해야 한다는 것이다.

철학과 기술의 결합

AI 시대의 태권도장 운영에서 중요한 것은 기술을 자신의 철학을 담는 그릇으로 쓰는 일이다. ChatGPT가 만들어 준 문안도, 행사 아이디어도, 그 안에 담긴 메시지가 내 교육 가치와 맞아야 한다. 그래야만 부모는 글에서 진심을 느끼고, 아이들은 프로그램 속에서 배려와 성장을 경험한다.

기술은 우리를 대신해 글을 써 줄 수 있다.

하지만 그 글이 부모와 아이의 마음을 움직이게 만드는 힘은 오직 사람에게 있다.

AI는 가능성을 넓혀 주지만, 감동과 신뢰는 여전히 지도자의 몫이다.

그리고 이것이 바로 내가 AI 시대를 바라보는 기본 전제다.

> **핵심 메시지**
> - AI·ChatGPT의 등장은 태권도장의 업무 효율성과 아이디어 확장을 가능하게 만들었다.
> - 그러나 기술을 교육의 중심에 두는 순간, 도장의 고유한 철학과 사람 중심 가치가 약화될 위험이 있다.
> - 따라서 AI는 효율을 높이는 도구로 활용하되, 교육의 본질인 사람과의 관계를 중심에 두어야 한다.

태권도 교육 현장의 디지털 전환

아날로그에서 디지털로

불과 10여 년 전만 해도 태권도장의 하루는 종이와 펜 그리고 전화로 움직였다.

출석 체크는 종이에 도장을 찍거나, 이름을 하나씩 불러 확인했다.

수업 계획은 지도자의 머릿속에 저장되어 있었고, 품새 설명은 오직 구두로만 전달됐다.

심사 기록은 종이 파일에 꽂아 두고, 필요할 때마다 서류를 뒤져 찾아야 했다.

그러나 지금은 완전히 다른 풍경이 펼쳐지고 있다.

스마트폰과 태블릿을 이용해 출석을 체크하고, 앱으로 수업 일정을 공유한다.

아이의 발차기 속도와 각도를 영상으로 촬영해 슬로 모션으로 분석하고, 동작 하나하나를 눈으로 확인할 수 있다.

심사 기록, 성취도, 출결 현황이 모두 디지털화되어 언제든 한눈에 파악 가능하다.

디지털 기술이 만든 효율

디지털 전환은 단순히 종이를 없앤 것이 아니라, 업무 방식 자체를 재설계했다.

이제 지도자는 수업 준비에 더 많은 시간을 쓸 수 있다.

행사 안내는 자동 문자, 카카오톡 채널, 학부모 앱을 통해 동시에 발송된다.

예전처럼 "전화를 받지 않아 안내가 누락됐다"는 일이 거의 사라졌다.

또한 교육 콘텐츠 제작 방식도 달라졌다.

과거에는 품새를 설명하기 위해 시범을 여러 번 보여야 했지만, 지금은 영상 자료를 만들어 반복 재생 하면 된다.

아이들은 수업 중뿐 아니라 집에서도 복습할 수 있고, 부모님도 아이의 훈련 내용을 쉽게 확인할 수 있다.

관계 속의 디지털

그러나 여기서 한 가지 간과해서는 안 되는 점이 있다.

디지털이 아무리 발전해도, 관계의 본질은 아날로그적이라는 사실이다.

영상과 데이터로 기술적 피드백을 줄 수 있지만, 아이가 느끼는 성취감과 지도자가 주는 격려의 온도는 화면 너머로 완전히 전달되지 않는다.

예를 들어, 한 아이가 발차기 속도 측정 앱에서 높은 점수를 받았다고 하자.

그 수치가 아이를 웃게 할 수는 있다.

하지만 진심 어린 칭찬, "정말 많이 늘었구나, 대단하다!"라는 말과 미소는 어떤 기술도 대신할 수 없다.

결국 디지털은 '보조 도구'지 교육의 '주인공'이 될 수 없다.

디지털과 아날로그의 균형

나는 디지털 전환을 적극 환영한다.

그러나 기술이 관계를 대신하게 두지 않는다.

기술이 주는 편리함을 취하되, 아이와 눈을 맞추고 손을 맞잡는 순간을 놓치지 않는다.

태권도 교육에서 가장 중요한 것은 결국 사람과 사람의 만남이기 때문이다.

AI와 디지털 기술은 지도자의 시간을 아껴 주고, 교육 콘텐츠를 풍성하게 해 준다.

하지만 그 시간과 자원을 어디에 다시 투자하느냐가 도장의 미래를 결정한다.

나는 그것을 관계와 신뢰에 투자한다.

그래야만 디지털 전환이 교육의 깊이를 더하는 진짜 힘이 될 수 있다.

> **핵심 메시지**
> - 디지털 전환은 태권도 교육의 속도와 범위를 넓히지만, 교육의 깊이를 만드는 것은 여전히 사람이다.
> - 따라서 기술은 효율성을 높이는 '수단'으로 삼고, 교육의 중심은 언제나 관계와 신뢰에 두어야 한다.

기술이 대체하지 못하는 교육 영역

숫자로는 측정되지 않는 성장

태권도 교육에서 가장 중요한 순간들은 통계에 잡히지 않는다.

심사 점수가 높아졌다는 기록보다, 발차기 하나를 성공하고 아이 얼굴에 번지는 미소가 더 값질 때가 있다.

출석률이 100%라는 데이터보다, 도장에 오기 위해 먼 길을 달려온 한 아이의 의지가 더 빛날 때가 있다. AI와 디지털 기술은 이러한 '기록할 수 있는 부분'에는 강하다.

하지만 마음속에서 일어나는 변화를 측정하는 일에는 한계가 있다.

아이의 표정, 목소리의 톤, 수업에 임하는 태도의 미묘한 변화는 데이터로 환산하기 어렵다.

그리고 바로 그 지점이 사람만이 볼 수 있는 교육의 영역이다.

관계 속에서 발견되는 신호

몇 해 전, 한 제자가 있었다.

그 아이는 심사를 앞두고도 무표정했고, 동작에도 힘이 실리지 않았다.

출석과 기록만 보면 전혀 문제가 없어 보였지만, 이상한 느낌이 들어 수업 후 따로 불러 대화를 나눴다.

그제야 알게 됐다.

집안 사정이 어려워져 심사 응시 여부를 고민하고 있었던 것이다.

나는 그 아이에게 심사 응시료를 스스로 벌어 보자는 제안을 했고, 함께 작은 미트를 닦고 정리하는 일을 했다.

며칠 뒤, 그 아이는 전보다 눈빛이 밝아진 모습으로 심사장에 섰다.

이 이야기는 기술이 절대 대체할 수 없는 교육의 본질을 보여 준다.

아이와 눈을 맞추고 마음을 나누는 관계에서만 이런 '신호'를 포착할 수 있다.

AI는 출석표를 만들 수 있지만, 마음속 이야기까지 읽어 내지는 못한다.

감동은 사람에게서 온다

부모와 아이가 도장을 찾는 이유는 단순히 기술을 배우기 위해서만이 아니다.

아이에게 자신감을 심어 주고, 도전의 가치를 깨닫게 하고, 실패를 극복하는 법을 배우게 하고 싶어서다.

그런데 이런 경험은 기계가 줄 수 없다.

AI가 "잘했어요"라고 말할 수는 있지만, 그 말에 진심을 담고 아이의 마음을 울리게 할 수 있는 건 지도자의 목소리뿐이다.

태권도 수련의 참된 가치는 몸과 마음이 함께 성장하는 과정이다.

기술은 몸의 움직임을 측정할 수 있지만, 마음의 성장을 증명해 주는 건 결국 사람이다.

AI 시대에도 변하지 않는 결론

나는 AI와 디지털 기술을 부정하지 않는다.

오히려 적극적으로 활용한다.

그러나 기술은 수단일 뿐, 교육의 주인은 사람이 되어야 한다.

태권도장은 아이들이 기술만 배우는 곳이 아니라 삶의 태도와 가치를 배우는 곳이다.

그 역할을 지켜 내는 한, AI 시대에도 태권도 교육의 본질은 흔들리지 않는다.

기술이 도장을 효율적으로 만들 수는 있지만, 성공적인 도장을 만드는 힘은 오직 사람에게 있다.

그리고 이것이 내가 AI 시대를 살아가며 끝까지 지키고 싶은 결론이다.

핵심 메시지

- 기술은 기록할 수 있지만, 마음의 변화는 기록하지 못한다.
- 아이와의 관계 속에서만 발견되는 '성장의 신호'가 있다.
- 감동과 신뢰는 기계가 아닌 사람이 만들어 낸다.
- AI 시대에도 교육의 본질은 사람 중심이어야 한다.

기술의 도움과 한계:
데이터가 줄 수 없는 것

수치로는 설명할 수 없는 성장

숫자가 말해 주지 않는 진실

　AI와 디지털 기술은 태권도장의 운영을 더 정밀하게 만들어 준다.

　출석률, 기술 숙련 속도, 심사 점수, 심지어 발차기의 속도와 정확도까지 수치로 기록된다. 이 데이터들은 교육의 진행 상황을 파악하는 데 큰 도움이 된다.

　그러나 나는 이 숫자들을 바라볼 때마다 스스로에게 묻는다.

　"이 수치가 정말 아이의 성장을 온전히 담고 있는가?"

　출석률이 100%인 아이가 있다고 하자.

　데이터만 본다면 그는 최고의 수련생일 수 있다.

　하지만 수업 내내 무표정하고, 지도자의 말에 반응조차 하지 않는다면 과연 그가 진짜 성장하고 있다고 말할 수 있을까?

반대로, 한 달에 두세 번 결석하는 아이가 있다.

그런데 수업에 참여하는 날마다 누구보다 집중하고, 기술을 익히며 기쁨을 표현한다면, 그는 데이터보다 더 깊이 성장하고 있는 것이다.

성장은 점수와 출석으로만 평가되지 않는다.

태권도 교육에서의 성장은 단순히 '얼마나 자주 왔는가' 혹은 '얼마나 높은 점수를 받았는가'로만 측정되지 않는다.

성장은 아이가 도전을 받아들이는 태도, 실패를 견디는 힘 그리고 다시 시도하려는 의지 속에서 이루어진다.

데이터는 이런 모습을 담아내기 어렵다.

성취의 과정에서 느끼는 두려움, 포기하고 싶은 순간을 버티는 끈기, 목표를 달성했을 때의 환희는 숫자로 환산할 수 없다.

그렇기 때문에 성장의 진짜 가치는 오직 관계와 관찰 속에서 발견된다.

지도자가 직접 보는 성장

어느 날, 품새 시험을 준비하던 한 제자가 있었다.

연습 때마다 작은 실수를 반복했고, 점수로 환산하면 합격선에 아슬아슬하게 걸칠 수준이었다.

그러나 나는 그의 변화를 눈으로 보았다.

처음엔 한 번의 실패에도 포기하던 아이가, 이제는 열 번을 틀려도 다시 도전하고 있었다. 그 태도는 시험 점수보다 훨씬 값진 성장의 증거였다.

이처럼 아이의 성장 이야기는 데이터가 아니라 지도자의 눈과 마음으로 쓰인다.

AI와 기술이 제공하는 수치가 아무리 정밀해도, 이런 이야기를 대신 기록해 줄 수는 없다.

> **핵심 메시지**
> - 데이터는 사실을 보여주지만, 성장의 전부를 설명하지는 못한다.
> - 성장은 출석률·점수보다 태도와 의지 속에 담겨 있다.
> - 진짜 성장은 관계와 관찰을 통해서만 발견된다.

교육의 감성과 관계의 힘

기술이 채울 수 없는 공백

AI와 디지털 기술이 교육 현장을 빠르게 바꾸고 있지만, 교육의 뿌리는 여전히 '사람과 사람의 만남'에 있다.

아무리 정교한 데이터 분석과 자동화된 시스템이 있어도, 한 아이의 마음에 씨앗을 심고 물을 주는 일은 결국 사람이 한다.

기계가 알려 주는 건 방법일 수 있지만, 아이가 도전을 두려워하지 않도록 용기를 주는 건 사람만이 할 수 있는 일이다.

감정이 만드는 동기

교육에서 감정은 단순한 분위기 조성이 아니라 동기의 원천이다.

아이들은 칭찬 한마디에 더 열심히 뛰고, 진심 어린 관심에 더 오래 도장을 다닌다.

지도자의 미소, 수업 전 어깨를 다독여 주는 짧은 터치, 수업 후 눈을 맞추며 건네는 "오늘 정말 잘했어"라는 말은 그 어떤 기술적 도구보다 강력한 힘을 발휘한다.

감정은 눈에 보이지 않지만, 행동으로 나타난다.

아이들이 스스로 더 노력하게 만드는 것은 '성취 점수'가 아니라 '그 점수를 받았을 때 느낀 기쁨'이다.

그리고 그 기쁨은 지도자와의 관계 속에서 완성된다.

신뢰가 만드는 지속성

태권도장은 단기 성취보다 장기 성장을 지향한다.

아이들이 몇 달 만에 그만두는 것이 아니라, 수년간 꾸준히 수련을 이어 가려면 신뢰가 필요하다.

그 신뢰는 프로그램의 화려함이나 시설에서 오지 않는다.

아이와 지도자 그리고 부모 사이에 형성된 유대감에서 온다.

부모는 자녀를 단순히 기술 훈련에 맡기는 것이 아니라, 가치와 태도를 함께 심어 줄 수 있는 사람에게 맡기고 싶어 한다.

그 기대에 부응하는 순간, 도장은 단순한 체육 공간이 아닌 아이의 성장을 함께 책임지는 교육 기관이 된다.

관계가 교육의 품질을 만든다.

수업 내용이 아무리 알차도, 관계가 무너지면 교육의 효과는 반감된다.

반대로 프로그램이 단순하더라도 관계가 깊으면 아이는 성장한다.

왜냐하면 아이는 자신을 믿고 지지해 주는 사람 앞에서 더 큰 가능성을 발휘하기 때문이다. AI 시대에도 변하지 않는 교육의 품질 기준은 바로 관계다.

태권도 교육에서 지도자와 아이, 부모와 도장 사이의 신뢰와 감정의 연결이야말로 기술이 절대 줄 수 없는 가치다.

핵심 메시지

- 감정은 교육의 동기를 만든다.
- 신뢰는 수련의 지속성을 결정한다.
- 관계는 교육의 품질을 완성한다.
- 기술은 이를 보조할 수 있지만, 대체할 수는 없다.

AI가 놓치는 '마음의 신호'

데이터가 보지 못하는 것

AI는 숫자와 패턴에는 강하다.

출석 기록, 발차기 속도, 품새 정확도, 심사 합격률 등 모든 것을 빠짐없이 기록한다.

하지만 이 모든 수치에는 한 가지가 빠져 있다.

바로 마음의 상태다.

아이의 마음은 하루에도 몇 번씩 변한다.

가정의 상황, 학교에서 있었던 일, 친구와의 관계, 심지어 날씨까지도 아이의 표정과 태도에 영향을 준다.

그 변화는 데이터 표에 나타나지 않는다.

그러나 교육의 성패는 이 변화를 얼마나 빨리 알아채고 대응하느냐에 달려 있다.

관계 속에서만 보이는 신호

몇 해 전, 심사를 앞둔 한 제자가 있었다.

출석률, 기술 숙련도, 태도 점검표…. 어느 것 하나 문제 될 것이 없었다.

그런데 수업을 진행하면서 나는 미묘한 이상함을 느꼈다.

발차기에 힘이 없고, 품새 동작에 집중이 흐트러졌다.

평소보다 웃는 횟수가 적었고, 눈빛도 무거웠다.

수업이 끝난 뒤 조용히 불러 이야기를 나눴다.

그제야 알게 됐다.

최근 학원 공부 문제로 성적이 떨어져서 집안 분위기가 무겁고, 심사 준비에 집중하기 어려웠던 것이다.

데이터상으로 '성실한 수련생'이었지만, 그 마음의 무게는 오직 관계 속 대화를 통해서만 알 수 있었다.

AI가 대신하지 못하는 순간

AI는 아이가 왜 웃음을 잃었는지 설명해 주지 못한다.

그 원인을 찾아내는 건 지도자의 몫이다.

아이가 주저하는 발걸음, 수업 전후의 표정, 친구와 어울리는 모습, 지도자와 눈이 마주쳤을 때의 반응….

이 모든 것이 '마음의 신호'다.

이 신호는 세심한 관찰과 신뢰 관계가 쌓여야만 보인다.

지도자는 이 신호를 읽어야 한다.

그리고 그에 맞는 대처를 해야 한다.

때로는 훈련 강도를 낮추고, 때로는 격려의 시간을 늘리고, 때로는 그저 이야기를 들어 주는 것이 필요하다.

마음의 신호를 놓치지 않는 지도자

좋은 지도자는 기술적 완성도만 높이는 사람이 아니다.

아이가 보내는 작은 신호를 놓치지 않고, 그 신호를 읽어 교육에 반영하는 사람이다.

이것이 AI 시대에도 결코 대체될 수 없는 인간 지도자의 가치다.

핵심 메시지

- 데이터에 없는 것은 아이의 마음 상태다.
- 마음의 신호는 관계 속에서만 보인다.
- 지도자는 신호를 읽고 교육 방향을 조정해야 한다.
- 이것이 AI 시대에도 교육이 사람 중심이어야 하는 이유다.

전 세계 네트워크 시대, 태권도장의 기회와 위기

국경 없는 교육 경쟁

경계가 사라진 시대

 불과 20년 전만 해도 태권도 교육의 경쟁은 지역 안에서 이루어졌다.

 같은 동네, 같은 시에 있는 도장끼리 프로그램과 교육 방식을 비교하며 경쟁하면 충분했다. 부모와 아이들이 다른 도시의 도장을 경험할 기회는 거의 없었고, 세계적인 지도자의 수업을 접하는 일은 꿈도 꾸기 어려웠다.

 그러나 지금은 상황이 완전히 바뀌었다.

 스마트폰과 인터넷만 있으면 전 세계의 훈련법과 교육 콘텐츠를 즉시 확인할 수 있다.

 유튜브, 인스타그램, 틱톡에는 해외 유명 지도자의 수업 영상과 새로운 프로그램 아이디어가 실시간으로 올라온다.

지역 경계는 이미 사라졌고, 우리는 전 세계와 비교되는 교육 시장 속에 서 있다.

비교의 기준이 달라졌다.

과거에는 부모들이 '우리 동네에서 가장 좋은 도장'을 찾았다면, 이제는 '전 세계 어디에 내 아이에게 가장 좋은 교육이 있는가'를 고민한다.

국제 캠프, 온라인 품새 수업, 글로벌 지도자와의 화상 훈련 등 아이들이 다른 나라 도장의 문화를 경험하는 기회도 점점 늘어나고 있다.

이 변화는 태권도장에 새로운 압박을 준다.

이제 단순히 시설이 좋고 프로그램이 알차다는 이유만으로는 선택받기 어렵다.

부모와 학생은 더 매력적이고, 더 전문적이며, 더 차별화된 교육을 찾는다.

그 비교 대상은 바로 '전 세계'다.

기회와 위기의 공존

국경 없는 교육 경쟁은 분명 기회다.

좋은 콘텐츠와 교육 철학을 가지고 있다면 지역을 넘어 전국, 나아가 해외까지 도장을 알릴 수 있는 시대다.

특히 온라인을 통한 홍보와 소통은 예전에는 상상도 할 수 없던 시장을 열어 준다.

그러나 동시에 위기다.

차별화에 실패하면 금세 잊히고, 평범한 프로그램과 교육 방식만으로는 살아남기 어렵다.

전 세계의 우수한 사례와 끊임없이 비교되는 시대이기 때문에 자신만의 교육 철학과 차별화된 가치를 명확히 세워야 한다.

핵심 메시지
- 교육 시장의 경계는 이미 사라졌다.
- 부모와 학생은 지역이 아니라 전 세계와 비교한다.
- 국경 없는 경쟁은 기회이자 위기며, 차별화된 교육 철학이 생존의 열쇠다.

온라인·글로벌 네트워크 활용 전략

디지털 무대에서의 존재감 만들기

국경 없는 교육 경쟁 시대, 태권도장은 이제 단순히 오프라인에서만 운영되는 공간이 아니다. 온라인은 새로운 무대이자, 무한히 확장 가능한 홍보 채널이다.

SNS, 유튜브, 블로그 그리고 각종 디지털 플랫폼을 통해 도장의 철학과 교육 내용을 세상에 보여 줄 수 있다.

특히 짧은 영상 콘텐츠는 강력한 홍보 도구다.

품새 시연, 발차기 팁, 지도자의 교육 철학을 담은 1~2분 영상은 빠르게 확산된다.

이러한 콘텐츠는 지역을 넘어 전국, 나아가 해외까지 도장을 알리는 역할을 한다.

지도자의 목소리와 표정, 교육의 열정이 담긴 영상은 단순한 광고를 넘어 브랜드의 신뢰를 만든다.

글로벌 교류의 힘

온라인 네트워크를 통해 해외 태권도장과의 연결도 훨씬 쉬워졌다.

화상 회의를 통한 공동 훈련, 국제 온라인 품새 대회, 지도자 간 교육 방법 교류 등이 가능하다.

학생들에게 이러한 경험은 특별한 동기 부여가 된다.

"내가 배우는 태권도가 전 세계에서 통한다"는 자신감은 아이들이 태권도를 단순한 운동이 아닌 문화와 언어의 다리로 인식하게 만든다.

또한, 해외 도장과의 협력은 도장 브랜드 가치를 높인다.

부모 입장에서 글로벌 네트워크를 보유한 도장은 아이에게 더 넓은 기회를 제공할 수 있는 곳으로 보인다.

언어와 문화 이해

글로벌 네트워크 활용에서 중요한 것은 단순히 기술적 연결이 아니다.

언어와 문화를 이해하는 노력은 관계를 깊게 만든다.

기본적인 영어 표현과 태권도 용어를 익히고, 상대 문화에 대한 존중을 보여 주는 것은 필수다.

이것은 단순히 외국인 학생을 받기 위한 준비가 아니라, 진정한 글로벌 교육 기관으로 도약하기 위한 기반이다.

> **핵심 메시지**
> - 온라인 콘텐츠는 도장의 철학과 교육 가치를 널리 알리는 강력한 도구다.
> - 해외 도장과의 교류는 학생들에게 특별한 동기 부여와 자신감을 준다.
> - 언어와 문화 이해는 글로벌 네트워크를 성공적으로 운영하는 핵심 열쇠다.

지역성을 잃지 않는 브랜딩

글로벌 시대의 역설

세계가 하나로 연결된 지금, 많은 도장이 글로벌 트랜드와 온라인 마케팅에 집중하고 있다. 하지만 아이러니하게도 이런 시대일수록 사람들은 자신이 속한 지역과 공동체의 온기를 더 그리워한다.

글로벌 감각은 경쟁력을 높이지만, 그 속에서 '우리 동네에서만 느낄 수 있는 특별함'을 잃는다면 도장은 단순한 교육 브랜드 중 하나로 전락할 위험이 있다.

지역이 주는 신뢰

부모와 학생이 도장을 선택할 때, 그 결정에는 지역적 신뢰가 작용한다.

동네 주민들이 "저 도장은 믿을 수 있다"는 이야기를 할 때, 그 도장은 이미 절반 이상 성공한 셈이다.

이 신뢰는 고급 장비나 화려한 시설에서 나오는 것이 아니라 지역 사회 안에서 쌓아온 관계와 꾸준한 활동에서 나온다.

지역 학교와 협력한 태권도 체험 수업, 동네 축제에서의 시범 공연, 지역 복지관과 함께하는 재능 기부 수업은 단기 홍보보다 훨씬 강력한 브랜드 자산이 된다. 이런 경험을 가진 부모와 학생은 쉽게 다른 도장으로 옮기지 않는다.

지역성을 기반으로 한 스토리

브랜딩의 핵심은 스토리다.

그리고 그 스토리는 가장 가까운 지역의 이야기에서 출발한다.

예를 들어, 도장이 위치한 마을의 역사, 그 지역에서 자란 아이들의 성장 이야기, 지역 내 지도자와 제자 간의 세대 교류 스토리는 외부에서는 절대 복제할 수 없는 가치다. 이야기가 있는 도장은 단순한 교육 기관이 아니라 지역 문화의 일부가 된다.

이것이 바로 지역성을 잃지 않는 브랜딩의 힘이다.

지역성과 글로벌의 조화

지역성을 지키는 것이 곧 글로벌 경쟁력을 잃는다는 뜻은 아니다.

오히려 튼튼한 지역 기반이 있기에 글로벌 무대에서도 신뢰를 받을 수 있다.

지역에서 인정받는 교육 철학과 운영 방식은 온라인과 해외 네트워크를 통해 널리 전파될 때 더욱 진정성을 가진다.

결국 성공적인 브랜딩은 '지역의 뿌리' 위에 '글로벌의 날개'를 더

하는 것이다.

> **핵심 메시지**
> - 글로벌 시대에도 부모와 학생은 '지역적 신뢰'를 중시한다.
> - 지역성과 공동체 활동은 도장의 장기적인 충성 고객을 만든다.
> - 복제할 수 없는 지역 스토리가 곧 차별화된 브랜드 자산이다.
> - 튼튼한 지역 기반은 글로벌 경쟁력의 출발점이다.

AI 시대의 지도자 정체성

기술보다 앞선 리더의 철학

기술의 흐름보다 철학이 앞서야 한다

AI, 자동화, 데이터 기반 교육 시스템…. 태권도 교육 현장에도 이제 이런 용어들이 익숙해졌다.

수업 관리 앱, 출석률 자동 분석 시스템, 영상 품새 평가 등 기술은 점점 더 정교해지고 있다.

하지만 이쯤에서 우리는 중요한 질문 하나를 던져야 한다.

"기술이 이끄는 교육이 아니라, 철학이 이끄는 교육이 되어야 하지 않는가?"

기술은 수단이다.

기술은 방향을 제시하지 않는다.

기술은 정답을 알려 주지만, '왜' 그 정답을 선택해야 하는지는 말해 주지 않는다.

그래서 나는 AI 시대의 지도자는 기술보다 철학이 앞서는 사람이어야 한다고 믿는다.

철학 없는 기술은 위험하다

어떤 도장은 최신 시스템을 도입하자마자 '효율'이라는 이름 아래 관계를 줄이기 시작했다. 출석 확인도 무인 기계로, 상담도 템플릿으로, 공지도 자동 메시지로 바뀌었다.

물론 일이 빨라졌고, 시간도 절약됐다.

하지만 그 결과는 어땠을까?

아이들은 "나를 봐 주는 사람이 없다"고 느끼고, 부모는 "진심이 빠진 도장 같다"고 말하기 시작했다.

기술은 분명 완벽하게 작동했지만, 도장의 온기는 사라졌다.

철학 없는 기술 사용은 교육의 본질을 훼손한다.

교육의 목적은 효율이 아니라 성장이며, 그 성장은 관계와 신뢰에서 비롯된다.

리더의 철학이 도장의 중심을 만든다

도장은 결국 사람의 공간이다.

관장의 교육 철학이 도장의 분위기를 만들고, 그 철학을 기반으로 프로그램이 설계되며, 그 철학에 따라 사범이 아이를 바라보는 시선이 달라진다.

그래서 지도자의 철학은 단순한 '생각'이 아니라 도장의 방향과 문화를 결정짓는 중심축이다.

나는 항상 묻는다.

"이 수업은 아이에게 어떤 의미를 줄 수 있을까?"

"이 프로그램은 부모에게 어떤 신뢰를 줄 수 있을까?"

"이 도장은 어떤 가치를 지키고 있는가?"

이 질문에 대한 답을 품고 있는 사람이 AI 시대에도 중심을 잡고 흔들리지 않는 리더다.

핵심 메시지

- 기술은 방향이 아니라 수단이다.
- 철학이 없는 기술 활용은 교육을 공장처럼 만든다.
- 지도자의 철학은 도장의 문화와 정체성을 결정한다.
- AI 시대에도 가장 앞서야 할 것은 리더의 교육 철학이다.

AI를 도구로 쓰는 법

도구는 주인이 필요하다

AI가 빠르게 발전하면서 많은 태권도장들도 '무엇을 자동화할 수 있을까'에 집중한다.

출석 관리, 수업 계획, 상담 응대, 교육 콘텐츠 생성까지.

AI는 다양한 영역에서 분명한 편리함을 제공한다.

하지만 이 편리함이 도장을 운영하는 본질을 대신할 수 있을까?

우리는 분명히 알아야 한다.

도구는 도구일 뿐이며, 그것을 다루는 사람의 철학과 감각이 없으면 교육은 방향을 잃는다. 자동화된 시스템은 일의 속도를 높여줄 수 있지만, 그 안에 담기는 내용과 진정성은 여전히 사람이 만드는 것이다.

AI를 활용하는 지도자의 자세

AI를 제대로 쓰기 위해서는 몇 가지 전제가 필요하다.

첫째, AI의 역할은 조력자다.

아이디어를 뽑고, 초안을 만들고, 반복적인 작업을 줄이는 데 탁월하다.

하지만 그 결과물이 수련생에게 전달되기 전에 지도자의 눈과 마음을 반드시 거쳐야 한다.

둘째, AI의 결과물은 완성본이 아니다.

AI가 제공하는 콘텐츠, 문장, 계획표는 어디까지나 '초안'이다.

우리 도장만의 언어, 우리 철학, 우리 아이들에게 맞게 다듬고 고치는 과정이 반드시 필요하다.

그 작업이 빠지면 도장은 금세 개성 없는 복제 공간이 되고 만다.

셋째, AI로 아낀 시간은 다시 '사람에게' 투자해야 한다.

AI 덕분에 공문을 작성할 시간이 줄었다면, 그만큼의 시간을 아이들의 눈을 바라보는 데 써야 한다.

업무를 자동화해서 얻은 여유는 사범과의 소통, 부모와의 상담 그리고 아이와의 대화에 써야 한다.

AI는 당신을 더 인간답게 만들기 위해 존재해야 한다.

그게 아니라면 기술의 쓰임이 잘못된 것이다.

기술 위에 서는 사람

지도자는 AI를 '사용할 줄 아는 사람'이 아닌, AI를 통해 본질을 더 잘 지켜 내는 사람이어야 한다.

누군가는 "AI가 다 해 주는 시대가 오면, 지도자의 역할은 줄어들지 않나요?"라고 묻는다.

나는 오히려 그 반대라고 생각한다.

기술이 정교해질수록 사람의 감성과 관계 중심 리더십은 더 중요해진다.

효율을 챙기되 진심을 잃지 않고, 편리함을 누리되 책임을 잊지 않는 것.

이것이 바로 AI 시대에 기술 위에 서는 지도자의 모습이다.

핵심 메시지
- AI는 교육 철학을 대신할 수 없다.
- 초안은 AI가, 완성은 사람이 만든다.
- AI로 확보한 시간은 반드시 사람에게 다시 쓰여야 한다.
- 기술 위에서 철학을 지키는 지도자가 진짜 리더다.

변하지 않는 지도자의 존재 가치

변하지 않는 것들이 있다

AI가 매일 새로운 기능을 발표하고, 사람들이 "이젠 교육도 다 바뀔 것"이라고 말하는 시대지만, 그럼에도 절대로 바뀌지 않는 것들이 있다.

아이들이 진심 어린 칭찬에 웃고, 실패했을 때 다정하게 등을 두드려 주는 한마디에 위로받고, 힘들 때 손잡아 주는 지도자를 믿는 그 마음.

그 마음은 기술로 대체되지 않는다.

그리고 그 중심에는 언제나 사람, 바로 지도자의 존재가 있다.

'존재감'은 기술로 복제할 수 없다

지도자의 존재는 단지 수업을 가르치는 '역할'이 아니다.

그것은 아이와의 관계의 무게며, 부모가 아이를 맡기며 느끼는 신뢰의 깊이다.

AI는 지식과 데이터를 전달할 수 있지만, 아이의 눈빛을 읽고 "괜찮아, 다시 해 보자."하고 말하는 따뜻함은 줄 수 없다.

누군가가 포기하려는 순간, 곁에서 말없이 함께 있어 주는 '존재감'은 기술로 복제할 수 없다.

진심은 느껴지고, 존재는 기억된다.

이것이 지도자의 가치다.

지도자는 교육의 철학이자 문화다

한 도장이 교육 기관을 넘어 '사람을 키우는 곳'이 되기까지는 오랜 시간과 정성이 필요하다.

그 중심에는 언제나 지도자의 철학과 삶이 녹아 있다.

아이들은 단지 기술을 배우는 것이 아니라 지도자를 통해 삶을 배우고, 성장을 경험하며, 인생의 태도를 익힌다.

그렇기에 기술은 변화해도, 지도자의 진심과 인격은 절대 사라지지 않는 핵심 가치다.

그리고 바로 그 이유로 우리는 AI 시대에도 교육자로서 당당히 설 수 있다.

핵심 메시지

- 교육의 중심은 언제나 '사람'이다.
- 지도자는 단순한 기능이 아니라, 관계의 깊이와 존재감이다.
- AI 시대에도 진심을 전달하는 사람은 대체될 수 없다.
- 지도자의 존재는 교육의 철학이며, 도장의 영혼이다.

2부

성공하는 태권도장의
사람 중심 철학

태권도장의 철학과 비전 세우기

사명과 목표의 명확화

왜 이 도장을 시작했는가

태권도장을 운영한다는 것은 단순히 기술을 가르치고 승급 심사를 보는 구조적인 시스템을 돌리는 것이 아니다.

그 시작에는 반드시 한 사람의 의지와 사명 그리고 교육자로서의 이유가 존재해야 한다.

많은 관장들이 "아이들이 바르게 자라길 바랐습니다."라고 말한다.

그러나 그 바람이 구체적으로 정리되어 있지 않으면 어느 순간부터 도장의 방향은 흐려지고, 결국 '아이를 많이 받는 것'만이 목적이 되는 현실에 빠지게 된다.

사명은 태권도장의 존재 이유며, 목표는 그 사명을 실현하기 위한 구체적인 이정표다.

사명은 말이 아니라 살아가는 방식이다

"우리 도장은 인성을 우선으로 하는 교육기관이다"라는 말은 누구나 할 수 있다.

그러나 진짜 사명은 말로 표현되는 것이 아니라, 도장의 하루하루 수업, 상담, 운영 전반에 스며드는 방식으로 드러나야 한다.

· 상담 시 부모의 말보다 아이의 눈빛을 먼저 읽는가?
· 기술보다 아이의 태도와 마음을 먼저 칭찬하는가?
· 수련생을 관리 대상으로 보지 않고 성장의 주체로 존중하는가?

이 질문에 "그렇다"고 대답할 수 있을 때, 비로소 그 도장은 사명을 품고 운영되고 있는 것이다.

사명은 선택이 아니라 정체성이다.

관장의 철학이 사범을 움직이고, 사범의 태도가 수련생을 변화시키며, 그 변화가 도장의 가치를 만든다.

그 모든 시작이 바로 사명의 명확성이다.

목표는 숫자가 아니라 방향이다

많은 도장이 운영 목표를 숫자로 설정한다.

'이번 달 등록 10명', '출석률 90%', '승급 심사 합격률 100%'.

이 숫자들은 물론 필요하다. 하지만 그것만으로는 부족하다.

진짜 목표는 "얼마나 많은 아이에게 의미 있는 성장 경험을 줄 것인가", "우리 도장의 철학을 몇 명의 부모에게 진심으로 전달할 것인가"와 같은 '가치 중심의 목표'여야 한다.

숫자는 관리의 도구일 뿐, 도장의 방향을 잡아 주는 나침반은 아니다.

수치를 따라가다 보면 언젠가 철학이 무너지고, 결국 방향을 잃게 된다.

그래서 관장은 늘 스스로에게 질문해야 한다.
"나는 지금, 내 사명 위에 목표를 세우고 있는가?"

핵심 메시지

- 사명은 도장의 존재 이유이자, 철학의 뿌리다.
- 사명은 말이 아니라 수업과 상담, 운영 방식에 드러난다.
- 목표는 수치보다 방향, 의미, 가치에 근거해 설정되어야 한다.
- 철학 위에 세운 목표만이 도장을 오래도록 견고하게 만든다.

비전이 운영 방향을 결정한다

비전은 선택이 아니라 설계다

태권도장은 하루하루 반복되는 수업으로 운영된다.

하지만 그 반복이 의미를 가지려면 그 위에 분명한 '방향성', 즉 비전이 있어야 한다.

비전은 단지 미래에 이루고 싶은 '희망 사항'이 아니라, 지금의 선택을 결정짓는 기준이자 설계도다.

비전이 없는 도장은 매번 외부 상황에 따라 방향을 바꾼다.

하지만 비전이 분명한 도장은 당장의 유행이나 변화에 휘둘리지 않고, 스스로 길을 만들어 간다.

모든 결정은 비전에서 출발한다

- 새로운 프로그램을 도입할 것인가?
- 체험 수업을 어떻게 구성할 것인가?
- 어느 채널에 마케팅을 집중할 것인가?
- 사범의 역할을 어디까지 확대할 것인가?

이 질문들에 일관된 대답을 하기 위해선 그보다 먼저 "우리 도장의 비전은 무엇인가?"라는 질문이 있어야 한다.

예를 들어, '10년 후에도 변함없이 신뢰받는 인성 중심 도장'이 비전이라면, 단기 수익을 위해 과도한 할인이나 이벤트를 반복하진 않을 것이다.

'세계적인 네트워크를 갖춘 글로벌 도장'이 비전이라면, 지금부터 영어 교육 콘텐츠, 국제 태권도 연계 프로그램을 준비할 것이다.

결국 운영의 모든 선택은 비전이라는 나침반에서 출발해야만 한다.

비전 없는 도장은 흔들린다

비전은 멀리 있는 것이지만, 그 존재는 지금을 단단하게 만든다.

비전이 없는 도장은

- 아이가 조금만 빠져도 불안하고,

- 경쟁 도장이 새 프로그램을 내면 따라가기에 급하고,
- 사범이 떠날까 두려워 제대로 된 팀워크를 만들지 못한다.

이 모든 불안은 '우리가 가야 할 길이 명확하지 않기 때문'이다.

비전은 직원과 수련생, 학부모 모두에게 "이 도장은 어디를 향해 가고 있다"는 신뢰를 준다.

그리고 그 신뢰는 도장을 지탱하는 가장 강력한 힘이 된다.

비전은 외치는 것이 아니라 공유하는 것이다

많은 도장이 "우리는 최고의 교육을 합니다"라는 슬로건을 걸지만, 그 문장이 도장 안의 사람들에게 공유되지 않는다면 그건 단지 장식에 불과하다.

진짜 비전은 관장 혼자만의 것이 아니라 사범과 직원, 부모와 수련생 모두가 공감하고 움직일 수 있는 기준이 되어야 한다.

그 비전을 모든 수업, 회의, 홍보, 상담 속에 구체적인 언어로 반복해서 담아야 한다.

- "우리 도장은 아이 한 명, 한 명의 성장을 함께 지켜보는 공간입니다."
- "이 수업은 단순한 기술이 아니라, 아이의 자존감을 길러 주는 훈련입니다."

이처럼 비전은 운영 언어가 될 때 살아 움직이게 된다.

> **핵심 메시지**
>
> - 비전은 운영의 설계도이자 방향을 잡는 나침반이다.
> - 도장의 모든 선택은 비전에서 출발해야 일관성을 가진다.
> - 비전이 없으면 흔들리고, 있으면 단단해진다.
> - 비전은 외치는 것이 아니라, 구성원 모두가 공유하고 실천하는 것이다.

철학이 흔들릴 때의 위험

철학은 도장의 중심축이다

태권도장은 다양한 변수와 상황 속에서 매일 결정을 내려야 한다.

수업 운영, 홍보 방향, 부모 상담, 직원 채용, 프로그램 기획 등 이 모든 요소를 일관성 있게 이어 주는, 보이지 않는 축이 바로 철학이다.

이 철학은 단지 슬로건이나 가치관의 나열이 아니다.

철학은 모든 운영의 기준이 되는 믿음이고 태도다.

그리고 그 철학이 흔들리는 순간, 도장은 방향을 잃고 혼란에 빠지게 된다.

수익 앞에서 흔들리는 철학

실제로 많은 도장이 어려움을 겪는 시기에 기존 교육 철학을 포기하고 단기 수익을 위한 선택을 하게 되는 경우가 있다.

- 무리한 할인 이벤트
- 교육보다 수치에 집착하는 승급 시스템
- 과도한 체험 수업 유도와 마케팅

이런 전략은 일시적으로 등록 수를 늘릴 수는 있다.
하지만 도장의 정체성과 신뢰는 서서히 무너진다.
그리고 이 손상된 신뢰는 다시 회복하는 데 오랜 시간이 걸린다.
철학은 위기일수록 더 단단히 붙들어야 할 중심이지 내려놓아야 할 부담이 아니다.

일관되지 않은 교육은 수련생을 혼란스럽게 만든다

도장의 철학이 흔들릴 때 가장 먼저 혼란을 느끼는 것은 아이들이다.
어느 날은 인성을 강조하고, 또 어느 날은 승급만을 강요하고, 사범마다 전하는 메시지가 다르고, 상담할 때와 수업할 때의 기준이 다르다면, 수련생은 혼란을 겪고 도장에 대한 신뢰를 잃는다.

결국 부모의 불신으로 이어지고, 도장의 평판과 재등록률에 직접적인 타격이 된다.

지도자가 흔들릴 때 도장 전체가 흔들린다

철학이 흔들리는 가장 큰 이유는 지도자의 마음이 흔들릴 때다.
지쳐 있고, 방향이 보이지 않으며, 숫자와 반응에만 매몰되다 보면 처음 도장을 열 때 가졌던 사명과 철학이 흐려진다.

이럴 때일수록 지도자는 "나는 왜 이 도장을 시작했는가?"라는 가장 본질적인 질문을 되새겨야 한다.

그 질문의 대답이 다시 철학을 붙잡게 하고, 흔들리는 마음을 단단하게 잡아 준다.

핵심 메시지
- 철학은 도장의 중심축이다. 이것이 흔들리면 모든 운영이 혼란에 빠진다.
- 수익에 급급해 철학을 포기하면 신뢰와 브랜드 가치는 회복하기 어렵다.
- 일관성 없는 교육은 수련생의 혼란과 부모의 불신을 초래한다.
- 지도자가 자신의 철학을 다시 되새기고, 지켜 낼 때 도장은 오래간다.

태권도보다 중요한 인성 교육

 장

기술보다 먼저 가르쳐야 할 것

기술은 도구, 인성은 방향

　태권도를 배우러 오는 아이들에게 가장 먼저 가르쳐야 하는 것은 발차기가 아니다.

　기술은 연습하면 늘지만, 사람됨은 하루아침에 만들어지지 않기 때문이다.

　지금 시대는 기술의 발전이 무서울 정도로 빠르다.

　하지만 그 안에서도 여전히 바르고 건강한 인성을 갖춘 아이가 더 오래 성장하고, 더 많은 사람과 좋은 관계를 맺으며, 결국 더 큰 영향력을 가진 사람으로 자란다.

　태권도 기술은 도구다.

　하지만 그 도구를 어디에 어떻게 쓸지를 결정하는 건 인성이다.

'먼저 배우는 기술'이 아니라 '먼저 되는 사람'

수련 초기에 아이들이 종종 이렇게 말한다.

"언제쯤 발차기 배워요?"

"나도 저 형처럼 발이 높이 올라가고 싶어요."

그럴 때마다 지도자는 말해 줘야 한다.

"기술은 빠르게 배울 수 있어. 하지만 기술을 바르게 쓰는 사람은 천천히 만들어져."

- 자기 물건을 스스로 정리하는 습관
- 친구와의 갈등을 대화로 푸는 태도
- 잘못했을 때 솔직하게 인정하는 용기
- 규칙을 이해하고 따르려는 자세

이런 것들이 기술보다 먼저 가르쳐야 할 기본기 중의 기본기다.

이 인성이 바탕이 되면 기술은 그 위에서 빛을 발하고, 도장은 단순한 체육 시설이 아니라 인간을 성장시키는 공간이 된다.

부모가 믿고 보내는 이유는 인성 때문이다

대부분의 부모는 자녀가 태권도를 통해 신체 활동뿐만 아니라 예절, 존중, 자기관리, 책임감 등을 배우길 기대한다. 그리고 이것이 태권도가 여타 운동과 다른 이유이자, 도장의 가장 중요한 교육 가치다.

지도자가 기술만 가르치고 인성을 소홀히 할 때, 부모는 도장을 단기 수련 공간으로 인식한다.

하지만 인성을 중심에 두고 일관되게 지도할 때, 도장은 오래 다니게 하고 싶은 교육기관이 된다.

결국 부모가 믿고 보내는 도장은 기술이 뛰어난 도장이 아니라, 아이의 인격을 성장시키는 도장이다.

기술보다 인성을 먼저 가르친다는 건, 지도자의 철학이다

인성 교육은 수업 중 한두 마디 훈화로 끝나는 것이 아니다.

- 아이가 실수했을 때의 반응
- 다툼이 났을 때 개입하는 방식
- 승급 심사에 실패한 제자에게 건네는 말

이 모든 상황이 곧 인성 교육의 현장이 된다.

기술보다 인성을 먼저 가르치는 도장은 늘 아이의 내면을 먼저 본다.

이것은 훈련 방식이 아니라, 지도자가 가진 교육 철학의 깊이다.

핵심 메시지

- 태권도 기술은 도구고, 인성은 방향이다.
- 기술보다 인성을 먼저 가르치는 것이 교육의 시작이다.
- 부모가 도장을 신뢰하는 진짜 이유는 기술이 아니라 인성이다.
- 인성 교육은 지도자의 철학에서 비롯되며, 도장의 본질적인 가치다.

인성 교육의 단계별 설계

인성은 저절로 자라지 않는다

"태권도 다니면 예절 바르게 자란다"는 말은 흔하다.

그러나 이는 단순한 기대일 뿐, 구체적인 시스템이 없다면 인성은 쉽게 길러지지 않는다.

기술 훈련에는 단계와 체계가 있듯, 인성 교육에도 설계와 계획이 필요하다.

막연한 훈화나 감정적인 꾸중은 아이에게 혼란만 줄 뿐이다.

지도자가 철학을 갖고 인성을 설계할 때, 도장은 진짜 '사람을 기르는 교육기관'으로 성장한다.

1단계, '말'을 통한 인성 교육: 이해의 기반 만들기

아이들은 생각보다 많은 것을 듣고, 기억한다.

그러므로 인성 교육의 첫걸음은 지속적인 말의 교육이다.

- "도장은 함께 자라는 곳이야."
- "친구를 배려하는 게 진짜 강한 사람이야."
- "실수해도 괜찮아. 하지만 인정할 줄 아는 용기가 필요해."

이처럼 아이가 쉽게 이해할 수 있는 언어로 도장의 철학을 반복적으로 들려주는 것이 중요하다.

이 말들은 아이의 행동 기준이 되고, 도장 전체 분위기의 기준이 된다.

말은 가볍지만, 반복될 때 '기준'이 된다.

2단계, '행동'을 통한 인성 교육: 습관 형성의 시기

말만으로는 충분하지 않다.

지도자가 직접 보여 주는 행동은 아이들의 인성에 더 깊은 영향을 준다.

· 사범이 수련생에게 먼저 인사하기
· 아이가 실수했을 때 존중하며 조언하기
· 친구 간의 갈등에 중립적으로 개입하고 해결하기

이러한 일상 속 작은 행동이 아이들에게 '어떻게 행동해야 하는지'를 가르친다.

또한, 반복적인 훈련을 통해
· 인사 습관
· 정리 정돈
· 지각하지 않기
· 스스로 준비물 챙기기
같은 구체적인 태도들을 만들어야 한다.

이런 반복은 '생활 습관'이 되고, 결국 인성의 바탕이 된다.

3단계, '경험'을 통한 인성 교육: 내면화를 위한 실천

진짜 인성은 경험을 통해 내면화된다.

아이들은 직접 행동하고, 느끼고, 반성하며 '무엇이 옳은가'를 체득하게 된다.

- 선배로서 유급자를 도와주는 경험
- 봉사활동, 캠프, 리더십 프로그램 참여
- 승급 실패를 겪고 다시 도전하는 과정

이러한 도전과 책임, 공동체 경험이 아이로 하여금 자신의 인성을 돌아보고 스스로 성장할 수 있게 만든다.

지도자는 이런 기회를 의도적으로 설계해야 한다.

단순히 기술이 뛰어난 아이보다 누군가를 배려하고, 책임을 감당할 줄 아는 아이가 되도록 돕는 것이 인성 교육의 완성이다.

평가는 '결과'보다 '과정'에 초점을 둔다

인성은 시험 점수처럼 수치화할 수 없다.

그러나 지도자의 관찰과 피드백을 통해 아이의 변화는 충분히 측정할 수 있다.

나는 월말평가나 승급 심사 때 기술뿐 아니라 '생활 태도', '수업 참여도', '인사 습관' 등도 함께 체크하는 방식으로 운영하고 있다.

이런 평가 방식은 아이에게 "기술만 잘하면 되는 게 아니다"라는 중요한 메시지를 전달하고, 부모에게도 도장의 철학을 공유하는 계기가 된다.

> **핵심 메시지**
> - 인성은 계획 없이 만들어지지 않는다.
> - 말 → 행동 → 경험의 3단계 구조로 인성을 설계해야 한다.
> - 말은 이해를 돕고, 행동은 습관을 만들며, 경험은 내면화를 이끈다.
> - 기술보다 인성을 먼저 키우는 도장은 결국 '사람'을 남긴다.

AI 시대에도 필요한 인성 리더십

기술이 모든 것을 해결하지는 않는다

AI와 자동화 기술이 발달하면서 정보를 빠르게 분석하고, 개별 수련생의 출결, 수업 내용, 진도까지 정밀하게 관리할 수 있게 되었다.

하지만 아이의 표정을 읽고, 말하지 못하는 속마음을 알아채며, 부모의 불안한 마음을 공감해 주는 일은 아직까지 기계가 대신할 수 없는 영역이다.

이런 영역에서 중요한 역할을 하는 것이 바로 지도자의 인성 리더십이다.

기술의 시대에도 사람이 사람을 이끄는 힘은 결국 '인성'에서 나온다.

인성 리더십이란 무엇인가

인성 리더십은 단순히 착하고 친절한 것이 아니다.

그것은 상대의 내면을 이해하고, 존중하며, 바른 방향으로 이끌 수 있는 능력이다.

그리고 이것은 어느 시대보다도 지금, AI 시대에 더욱 중요한 리더의 자질이 되었다.

왜냐하면 AI가 제시하는 수많은 정보들 속에서 무엇을 선택하고, 어떤 방향으로 갈 것인가를 결정하는 주체는 결국 '사람'이기 때문이다.

AI 시대의 수련생에게 필요한 것은 '정서적 안전'

정보 과잉, 경쟁 심화, 빠른 변화 속에서 자라는 아이들에게 가장 부족한 것은 정서적 안정감과 신뢰할 수 있는 어른이다.

· 실수해도 괜찮다고 말해 주는 어른
· 꾸짖기보다 이해하려는 시선을 가진 어른
· 성적보다 인격을 먼저 칭찬해 주는 어른

이런 지도자는 AI 시대의 아이들에게 '사람의 따뜻함'을 통해 성장의 기반을 만들어 주는 존재다.

이것이 바로 인성 리더십이다.

기술보다 오래 남는 것

기술은 빠르게 바뀌고, 운영 시스템은 몇 년마다 업데이트된다.

하지만 지도자의 태도와 인성은 수련생의 기억에 오래도록 남는 교육의 흔적이 된다.

수련생은 세월이 지나 기술은 잊어도, '내 마음을 알아주던 선생님', '실패했을 때 끝까지 응원해 주던 관장님'을 기억한다.

결국 태권도장의 진짜 영향력은 기술이 아니라 사람에게서 시작된다.

그리고 그 사람됨을 결정짓는 것이 바로 지도자의 인성 리더십이다.

핵심 메시지

- AI가 대체하지 못하는 영역이 바로 사람의 마음이다.
- 인성 리더십은 아이들의 내면을 성장시키는 진짜 리더십이다.
- 지도자는 기술보다 먼저 사람을 바라보고, 따뜻하게 반응할 수 있어야 한다.
- 인성은 기억되고, 그 기억은 도장의 진짜 브랜딩이 된다.

초심과 수련생 중심 교육

첫 수업의 감동 만들기

첫인상은 평생 간다

　도장을 처음 방문한 아이와 부모는 단 10분 안에 도장의 인상을 결정짓는다.

　그 짧은 시간 동안 무엇을 느꼈는지가 "계속 다니고 싶다" 혹은 "여긴 아닌 것 같다"라는 결정으로 이어진다.

　그래서 태권도장의 첫 수업은 단순한 체험이 아니라, 도장의 철학을 전하는 감동의 장이어야 한다.

기술보다 마음이 먼저 전해져야 한다

　첫 수업에서 화려한 발차기나 격파를 보여 주는 것보다 중요한 건 아이의 눈높이에 맞는 따뜻한 시선과 진심 어린 관심이다.

・아이의 이름을 불러 주고

- 불안한 표정을 살피며
- 잘한 부분을 구체적으로 칭찬해 주는 것

이런 사소한 것들이 아이의 마음을 열고, '여긴 내가 있어도 되는 곳이구나'라는 감정을 만든다.

기술은 천천히 가르치면 되지만, 감동은 첫 만남에서 만들어야 한다.

부모에게는 철학을, 아이에게는 경험을

첫 수업은 단지 아이만의 시간이 아니다.

함께 온 부모 역시 도장의 가치와 철학을 직접 보고, 듣고, 느끼는 순간이다.

그래서 수업 후에는
- 어떤 교육 철학을 가지고 운영하는지
- 인성 교육과 성장 스토리를 어떻게 설계하는지
- 기술보다 사람을 어떻게 중심에 두는지

이런 이야기를 진심을 담아 설명해야 한다.

이때 전달되는 메시지는 '상담'이 아닌 '공감'이어야 하며, '설명'이 아닌 '확신'이어야 한다.

아이의 경험+부모의 신뢰, 이 두 가지가 함께 만들어질 때 진짜 감동이 완성된다.

첫 수업은 단 한 번뿐이다

많은 도장이 체험 수업을 마케팅 수단으로 활용하지만, 나는 그

것을 교육 철학을 전하는 '첫 교육'의 시간으로 바라본다.

아이와 부모가 처음 도장을 찾았을 때 우리는 그들에게 '단순한 수련 장소'가 아니라 '함께 성장할 교육 동반자'임을 보여 주어야 한다.

첫 수업의 인상은 쉽게 잊히지 않는다.
그때 받은 감동은 도장을 떠난 이후에도 아이와 부모의 기억 속에 남아, 도장의 명성이 되어 돌아온다.

> **핵심 메시지**
> - 첫 수업은 기술이 아니라 감동을 전하는 시간이다.
> - 아이의 감정과 부모의 신뢰를 동시에 얻어야 한다.
> - 도장의 철학은 첫 만남에서 전해져야 한다.
> - 처음은 단 한 번뿐이고, 그 감동은 오래 남는다.

아이가 주인공이 되는 수업

수업의 중심은 기술이 아니라 '아이'다
태권도장은 수련생을 교육하는 곳이다.
하지만 때로 지도자들은 '잘 가르쳐야 한다'는 압박에 몰려 기술 중심의 일방적인 수업을 하게 된다.

그러나 아이는 기술이 아니라 '자신이 존중받고 있는지'를 먼저 느낀다.

수업의 진짜 중심은 기술이 아니라 '아이'여야 한다.

존중은 아이의 눈을 바꾼다

수업 시간, 아이는 관찰당하는 존재가 아니라 참여하는 주체가 되어야 한다.

질문을 받고, 선택하게 하고, 자신의 생각을 표현할 수 있도록 이끄는 것.

그 순간 아이는 '내가 중요한 존재'라는 감정을 느낀다.

예컨대,
- "오늘 어떤 발차기를 먼저 하고 싶어?"
- "이 기술을 왜 해야 하는지 네 생각은 어때?"
- "오늘 수업에서 가장 기억에 남는 건 뭐야?"

이처럼 수업 안에서 아이의 '목소리'를 들을 수 있게 해야 한다.

경청과 선택의 경험은 자존감의 밑거름이 된다.

아이가 리더가 되는 구조 만들기

'주인공 수업'은 단지 말을 많이 하게 하는 것이 아니다.

실제 수업의 흐름 속에서 아이 스스로 리더십을 경험할 수 있는 구조를 만드는 것이다.

나는 수업 중

- 리더 체험제
- 유품자와 유급자 간 협력 미션
- 수업 중 발표 역할 부여
- 조별 리더 순환제

등을 통해 아이들이 '나도 이끌 수 있다'는 감정을 경험하도록 설계하고 있다.

이런 구조 속에서 수련생은 주체적 태도, 책임감, 배려를 자연스럽게 익히게 된다.

부모가 느끼는 변화도 달라진다

아이가 도장에서 주인공으로 성장하는 모습을 보며 부모 역시 도장을 단순한 운동 장소가 아니라 성장을 함께 만드는 교육 공간으로 인식하게 된다.

이는 곧
- 높은 만족도
- 지속적인 수련
- 자발적 추천

이라는 형태로 이어진다.

한 명의 아이가 주인공이 되는 순간, 그 도장은 하나의 브랜드가 된다.

> **핵심 메시지**
> - 수업의 중심은 기술이 아니라 아이의 주체성이다.
> - 선택과 표현, 리더십의 기회를 통해 아이는 성장한다.
> - '아이가 주인공이 되는 수업'은 태권도장의 가장 강력한 철학이자 차별성이다.

초심 유지 시스템

모든 수련생은 초심으로 시작한다

도장을 처음 찾은 아이는 기대와 설렘을 안고 수업에 참여한다.

태권도복을 입고 띠를 매는 그 순간, 자신이 특별한 사람이 된 것처럼 느낀다.

이 감정이 바로 초심이다.

하지만 시간이 지나면서
· 반복되는 수업 루틴
· 익숙해진 공간
· 사소한 실망과 지루함

등이 누적되며 아이의 동기와 감동은 서서히 옅어진다.

그래서 관장과 지도자는 '처음 그 마음'을 어떻게 유지시켜 줄 것인가를 체계적으로 설계해야 한다.

초심은 감정이 아니라 시스템으로 지켜야 한다

많은 지도자들이 '초심을 잃지 말자'고 말한다.
그러나 말로만 강조해서는 절대 지속되지 않는다.

초심은 철저하게 '교육 시스템' 안에서 관리되어야 한다.

나는 다음과 같은 방식으로 초심 유지 시스템을 운영한다.
 · 월간 성취 카드: 매달 아이가 스스로 목표를 세우고 달성 여부를 기록
 · 작은 성공 경험 설계: 기술보다 태도, 참여도, 배려 등을 기준으로 한 인정
 · 수련일지 작성 습관화: 오늘 내 행동 중 잘한 것 1가지, 아쉬운 것 1가지 적기
 · 사범 피드백 시스템: 격려 메모, 짧은 음성 메시지, 간단한 영상 피드백 제공
 · 정기 '초심 리마인드 수업' 운영: 띠를 처음 매던 날의 마음을 되새기는 시간

이런 시스템이 반복될 때 아이들은 자연스럽게 '나는 지금도 성장 중이다'는 자기 확신을 갖게 된다.

지도자의 초심도 함께 관리해야 한다

초심을 잃는 것은 아이만이 아니다.

지도자도 수업이 반복되고 지치면, 교육의 본질을 잊기 쉽다.

그래서 나는 사범 교육 시, 매 분기마다 '지도자의 초심'에 대해 스스로 돌아보는 시간을 갖는다.

- 내가 처음 사범이 되었을 때 어떤 마음이었는가
- 처음 아이들을 가르칠 때 느낀 감정은 무엇이었는가
- 지금의 나는 그 초심과 얼마나 가까운가

이 질문은 단순한 회고가 아니다.
도장의 품격을 결정하는 리더의 내면 정비이기도 하다.

초심은 기억이 아니라 관계에서 살아난다

결국 초심을 유지하는 핵심은 지도자와 수련생 사이의 지속적인 관계다.

수련생은 스스로를 특별하게 기억해 주는 지도자 앞에서 '나는 다시 시작할 수 있다'는 힘을 얻는다.

칭찬은 기술보다 빠르게 동기를 회복시켜 주고, 작은 관심은 도장을 떠날 뻔한 아이를 다시 붙잡는다.

초심은 기억이 아니라 '관계 속에서 살아나는 감정'이다.

핵심 메시지

- 초심은 감정이 아니라 관리되어야 할 교육 요소다.
- 시스템, 관계, 피드백을 통해 초심을 유지해야 한다.
- 수련생과 지도자 모두의 초심을 살피는 철학이 도장을 성장시킨다.

지도자의 리더십과 신뢰

존경받는 지도자의 조건

리더는 '두려움'이 아닌 '존경'으로 따르게 해야 한다

 태권도장에서 지도자는 단순히 가르치는 사람을 넘어, 한 아이의 성장에 가장 강력한 영향을 주는 존재다.

 그러나 지도자의 영향력은 지위나 소리의 크기로 결정되지 않는다.

 진정한 리더는 권위가 아니라 신뢰와 존경으로 아이들의 마음을 움직인다.

 따라서 지도자는 아이들에게 '무서운 어른'이 아닌, '닮고 싶은 어른'이 되어야 한다.

존경받는 지도자에게서 느껴지는 3가지

1. 일관성 있는 태도
- 감정 따라 변하지 않고, 기분이 아닌 원칙으로 행동하는 지도자.
- 수련생에게는 '예측 가능한 어른'이 가장 큰 안정감을 준다.

2. 자기 관리 능력
- 시간을 잘 지키고, 약속을 가볍게 여기지 않으며, 자신이 가르치는 것을 먼저 실천하는 지도자.
- 몸과 마음, 언어와 생활이 균형을 이루는 리더는 말하지 않아도 무게감이 느껴진다.

3. 진심으로 대하는 자세
- 아이의 이름을 기억하고, 실수했을 때 나무라기보다 이유를 묻고, 성공했을 때 누구보다 먼저 축하해 주는 지도자.
- 그런 사람은 아이 마음에 오래 남는다. 지도자는 기술보다 진심을 전하는 사람이다.

태권도장에서 지도자는 곧 '도장 그 자체'다

부모가 도장을 판단하는 기준은 시설보다 지도자의 태도다.
수련생이 도장을 다니고 싶은 이유는 친구보다 사범님의 한마디일 때가 많다.
즉, 지도자는 도장의 브랜드이자 철학 그 자체다.
지도자의 존재감은 말보다 행동과 태도의 일관성, 관계의 깊이에서 나온다.

존경은 하루아침에 얻어지지 않는다

존경받는 지도자는 갑자기 탄생하지 않는다.

매일의 작은 습관과 선택, 실수 앞에서의 반성, 아이를 바라보는 시선에서 나온다.

아이들은 '말을 잘하는 사람'보다 '일관되게 행동하는 사람'을 더 깊게 믿는다.

지도자가 매일 선택하는 말투, 표정 그리고 아이를 대하는 마음이 결국 도장을 결정짓는 기준이 된다.

핵심 메시지

- 지도자는 무서운 사람이 아니라, 닮고 싶은 어른이어야 한다.
- 존경받는 리더는 일관성, 자기 관리, 진심 있는 태도를 가진다.
- 지도자는 도장의 철학이자 가장 강력한 마케팅이다.
- 존경은 하루의 말보다 매일의 태도에서 나온다.

신뢰를 쌓는 말과 행동

신뢰는 말보다 먼저 '태도'에서 시작된다

사람은 상대방을 말로만 신뢰하지 않는다.

말보다 먼저 표정과 눈빛 그리고 행동의 일관성이 신뢰를 만든다.

태권도장에서 지도자의 말과 행동은 아이들에게 그대로 '교육'이 되며, 부모에게는 도장의 '철학'으로 전달된다.

신뢰는 위대한 행동이 아닌 작은 약속을 지키는 태도에서 만들어진다.

지도자의 말, 짧지만 무겁게

아이들은 지도자의 말을 하나하나 기억한다.

특히 감정적으로 말한 말은 아이의 마음에 상처로 오래 남는다.

지도자의 언어는 말의 기술이 아니라 감정의 전달 방식이다.

"그렇게 하면 안 돼." → "이렇게 하면 더 좋아질 거야."
"넌 왜 자꾸 그래?" → "이 부분은 다시 해 보면 어때?"
"그만해." → "지금 잠깐 멈추고 다시 시작해 볼까?"

같은 상황에서도 말의 선택이 아이의 자존감을 살릴 수도, 꺾을 수도 있다.

신뢰는 말투의 습관에서 자란다.

칭찬보다 중요한 건 '기억해 주는 말'

진심 어린 칭찬은 신뢰를 쌓는 강력한 도구다.
그러나 칭찬보다 더 큰 감동은 '기억하고 있다는 말'이다.

"네가 저번에 했던 인사, 정말 멋졌어."
"그때 친구 도와준 모습, 나도 기분 좋았어."
"요즘 집중력 많이 좋아졌더라."

이런 말은 '지도자가 나를 관심 있게 보고 있다'는 확신을 심어 준다.
그것이 아이 마음속 존경의 씨앗이 된다.

부모와의 신뢰는 투명한 소통에서 지도자는 아이만 보는 사람이 아니다.
부모와도 신뢰를 쌓아야 진정한 교육이 완성된다.
아이의 성장을 구체적으로 언급하고, 어려운 점도 솔직히 나누며, 함께 협력하는 태도를 보여 줄 때 부모는 '맡긴다'가 아니라 '함께 키운다'는 마음을 갖게 된다.

신뢰는 정보보다 진심의 공유에서 시작된다.

> **핵심 메시지**
> - 지도자의 말과 행동은 교육 그 자체다.
> - 말투와 기억해 주는 말이 아이의 자존감을 세운다.
> - 부모와의 신뢰는 소통의 진정성에서 시작된다.
> - 신뢰는 일상이 쌓여 만들어지는 관계의 결과다.

위기 속 리더십

위기의 순간, 진짜 리더가 드러난다

지도자의 진짜 실력은 모든 것이 잘 풀릴 때가 아니라, 문제가 발생했을 때 드러난다.

- 수련생이 갑작스레 이탈할 때
- 부모의 오해가 커졌을 때
- 사범과의 관계에 긴장이 생겼을 때
- 운영상 재정 위기를 마주할 때

이런 위기 상황에서 지도자가 어떤 판단을 하고, 어떤 말을 하며, 어떻게 대응하느냐에 따라 도장의 미래가 바뀐다.

위기 속에서 지도자는 말이 아니라 '태도'로 리더십을 증명해야 한다.

무너지지 않는 리더는 감정을 통제할 줄 안다

가장 먼저 필요한 것은 감정의 절제와 거리 두기다.

위기 상황에서는 감정적인 말 한마디가 더 큰 불신과 오해를 만들 수 있다.

지도자는 화를 내는 대신,
· 한 발 물러서고
· 상황을 다각도로 살피고
· 상대의 입장을 충분히 이해한 뒤
· 천천히, 그러나 단호하게 말할 수 있어야 한다.

감정을 이기는 사람만이 조직 전체를 살리는 선택을 할 수 있다.

위기일수록 원칙을 지켜야 한다

리더가 가장 흔하게 저지르는 실수는 위기를 모면하기 위해 기존 원칙을 무너뜨리는 것이다.

예를 들어,
· 원칙 없이 특정 수련생에게 특혜를 주거나
· 기준 없이 예외를 허용하거나
· 일관되지 않은 처벌이나 보상을 하게 되면

단기적으로는 갈등이 해소되는 것처럼 보일 수 있지만 장기적으로는 조직의 신뢰를 뿌리부터 흔들게 된다.

원칙은 위기일수록 더 단단하게 지켜야 한다.
그것이 지도자의 철학이자 도장의 중심을 지키는 힘이다.

지도자의 침착함이 조직 전체를 지탱한다

위기 속에서 지도자가 보여 주는 표정 하나, 말 한마디는 모든 구성원에게 메시지가 된다.

- 지도자가 당황하면, 모두가 불안해지고
- 지도자가 흔들리면, 모두가 동요하며
- 지도자가 조용히 중심을 잡고 있으면, 모두가 안정을 찾는다.

리더의 침착함은 조직 전체의 무게 중심이다.
그 중심이 흔들리지 않아야 아이들도, 부모도, 사범도 도장을 믿고 따라올 수 있다.

핵심 메시지

- 위기 속에서 말보다 태도가 리더십을 말해 준다.
- 감정을 다스릴 줄 아는 지도자가 진짜 리더다.
- 원칙을 지켜야 신뢰를 잃지 않는다.
- 지도자의 침착함은 조직 전체의 안정감을 만든다.

상담의 힘
— 등록보다 중요한 관계 형성

5장

상담은 '판매'가 아니라 '공감'

"태권도 상담은 등록을 끌어내는 도구인가?"

　많은 도장에서 상담을 '등록 유도'의 수단으로만 생각하는 경우가 많다.

　상담은 단지 교육비를 설명하고, 수업 시간표를 보여 주고, 마감 임박을 알리는 정보 전달로 끝나는 경우가 많다.

　그러나 진짜 상담은 수련생 한 명, 한 명의 삶에 귀 기울이는 시간이다.

　등록이라는 결과보다, '우리는 왜 이 아이와 함께하려 하는가'에 대한 질문과 성찰이 먼저 있어야 한다.

상담은 '팔기'가 아니라 '이해하기'다

상담은 물건을 파는 시간이 아니다.

부모는 상담을 통해 "이곳은 내 아이의 마음을 이해해 줄 수 있을까?"를 본다.

지도자는 상담을 통해 "나는 이 아이에게 진심으로 도움이 되고 싶은가?"를 점검해야 한다.

상담의 시작은 정보 전달이 아니라, '공감'에서 출발해야 한다.

· 아이가 요즘 어떤 모습을 보이는지
· 어떤 상황에서 도장을 찾게 되었는지
· 부모가 기대하는 변화는 무엇인지

이 질문들 속에 담긴 부모의 감정을 읽을 줄 아는 지도자만이 관계 중심의 상담을 이끌어 갈 수 있다.

상담의 목적은 등록이 아니라 신뢰 형성

나는 첫 상담을 '등록 설득'보다 가족의 교육 철학을 나누는 대화로 정의한다.

예시:

"왜 태권도를 선택하셨나요?"
"아이에 대해 부모님이 가장 걱정하는 부분은 무엇인가요?"
"우리는 태권도를 통해 이런 변화가 가능하다고 믿습니다."

이런 대화를 통해 부모는 자녀가 단지 기술을 배우는 것이 아니라, 사람으로 성장할 수 있는 환경에 들어서는 것임을 느끼게 된다.

상담이 끝난 뒤 등록을 하지 않더라도, 그 부모는 도장의 진심을 기억한다.

그리고 언젠가 돌아온다.

진심은 시간이 걸려도 반드시 돌아온다.

> **핵심 메시지**
> - 상담은 정보를 파는 시간이 아니라, 마음을 여는 시간이다.
> - 공감과 질문은 상담의 핵심이다.
> - 등록은 상담의 목적이 아니라 결과이며, 진심 있는 상담은 관계를 만들고, 관계가 등록을 만든다.

부모 마음을 여는 질문

질문 하나가 신뢰를 만든다

상담의 핵심은 '무엇을 말했느냐'가 아니라 '어떤 질문을 던졌느냐'에 달려 있다.

질문은 단순한 호기심이 아니라, 상대의 마음을 여는 열쇠다.

태권도 도장의 상담도 마찬가지다.

진심 어린 질문은 부모로 하여금 '이 도장은 다르다'는 신뢰를 만들어 낸다.

정보를 쏟아 내는 대신, 부모의 이야기를 듣는 시간으로 바꾸는 것이 진정한 상담의 시작이다.

나의 상담 핵심 질문 4가지

나는 다음 네 가지 질문을 통해 부모와 깊은 대화를 이끌어 낸다.

1. "왜 태권도를 가르치고 싶으신가요?"
→ 단순히 운동을 시키려는 것인지, 리더십, 집중력, 예절 등 교육적 목적이 있는지 파악할 수 있다.

2. "부모님이 생각하시는 태권도 교육은 어떤 모습인가요?"
→ 과거 자신의 경험이나 타인의 추천, 또는 지금 사회에서 요구되는 교육 방향을 알 수 있다.

3. "우리 아이에 대해 가장 잘 알고 계신 분은 부모님이시니까요. 아이의 성향이나 고민을 말씀해 주실 수 있을까요?"
→ 이 질문은 부모에게 책임감을 느끼게 하면서도, 지도자가 '이 아이를 깊이 이해하려 한다'는 진정성을 전달한다.

4. "태권도를 통해 아이가 어떤 모습으로 성장했으면 하시나요?"
→ 이 질문은 교육의 방향을 함께 설계하는 협력자로서 도장이 역할을 하겠다는 선언이기도 하다.

질문은 '듣기 위한 도구'다

좋은 질문을 해도 경청하지 않으면 의미가 없다.

질문 다음의 '침묵'과 '고개 끄덕임' 그리고 부모의 말에 대한 '공감'은 상담을 진심의 시간으로 만든다.

지도자가 메모하며 부모의 말을 듣고, 중간중간 질문을 덧붙이며 "그 부분, 정말 중요하네요."라고 말해 주는 순간, 상대는 '내 아이를 잘 맡길 수 있겠다'는 확신을 갖게 된다.

핵심 메시지
- 상담은 말보다 질문이 먼저다.
- 질문은 부모의 마음을 열고, 도장의 철학을 전하는 통로다.
- 네 가지 질문은 관계 중심 상담의 뿌리를 내리는 시작점이 된다.
- 질문 다음의 태도(경청, 공감, 침묵)가 진심을 증명한다.

관계가 등록을 만든다

등록은 '결과'이지 '목표'가 아니다

많은 태권도 도장은 등록 자체를 상담의 목표로 설정한다.

그래서 단기간에 등록자를 늘리기 위해 할인 혜택, 사은품, 이벤트 등을 내세우곤 한다.

그러나 이러한 방식은 교육이 아닌 영업의 방식이다.

태권도장이 추구해야 할 방향은 수치를 채우는 것이 아니라, '아이를 맡기고 싶은 관계'를 만드는 것이다.

등록은 관계가 만들어 낸 자연스러운 결과다.

신뢰 관계는 일회성이 아니라 과정이다

좋은 상담은 첫 방문 상담에 그치지 않는다.

한 번의 상담으로 부모가 도장을 완전히 신뢰하긴 어렵다.

관계는 반복된 소통과 작은 약속을 지켜 가는 과정 속에서 쌓인다.

- 체험 수업 이후에 피드백을 주는 것
- 수업 중 관찰된 아이의 장점을 언급해 주는 것
- 작은 변화도 부모에게 메시지로 전해 주는 것

이런 작은 관계의 쌓임이 등록이라는 큰 결정을 가능하게 만든다.

관계가 좋으면, 시간이 걸려도 돌아온다

나는 도장에는 상담 후 바로 등록하지 않았지만, 몇 개월 후 다시 찾아오는 가정이 많다.

그들은 이렇게 말한다.

"그때 상담이 너무 인상 깊었어요. 그냥 '오세요'가 아니라, 우리 아이에 대해 많이 생각해 주셨잖아요."

이런 부모들은 이미 '예건'이라는 교육 공간을 기억하고, 신뢰하고, 기대하고 있었던 것이다.

상담에서 진심을 보인 지도자는 결국 시간이 지나도 다시 찾아오게 만든다.

관계 중심 도장은 등록 후가 더 중요하다

관계는 상담에서 시작되지만, 등록 이후에도 계속 관리되고 확장되어야 한다.

- 첫 수업 후 아이가 잘 적응하고 있는지
- 부모가 기대하는 방향과 수업이 일치하고 있는지
- 아이가 성장하는 과정이 공유되고 있는지

이런 지속적인 관계의 관리는 도장을 '교육 공동체'로 만들고, 부모와 수련생을 '가족'처럼 연결하게 만든다.

핵심 메시지

- 등록은 목표가 아니라 관계의 결과다.
- 관계는 반복적인 신뢰의 축적으로 만들어진다.
- 상담에서의 진심은 시간이 지나도 반드시 돌아온다.
- 관계 중심 도장은 등록 이후가 진짜 시작이다.

부모, 수련생, 지도자가 함께
성장하는 삼위일체 교육

교육 주체 3자의 역할

교육은 '한 사람의 노력'이 아니라 '세 사람의 협력'이다

한 아이의 성장은 단지 도장의 프로그램만으로는 완성되지 않는다.

또한 부모의 관심만으로도 부족하고, 아이의 의지 하나로도 지속되기 어렵다.

태권도 교육이 진짜 성과를 내기 위해서는 세 축이 균형 있게 작동해야 한다.

바로,
- 부모
- 수련생

- 지도자

이 3자가 각각의 역할을 다하며 서로 연결된 신뢰 속에서 움직일 때, 비로소 한 사람의 인생을 바꾸는 교육이 가능해진다.

부모의 역할: 신뢰하고 지지하는 파트너

부모는 자녀의 첫 번째 스승이며, 도장의 교육 철학을 함께 나누는 '교육 파트너'다.

- 도장의 방식을 신뢰해 주는 것
- 지도자와의 소통에 적극적인 것
- 가정에서도 일관된 태도로 아이를 지도하는 것

이런 부모의 역할이 뒷받침될 때, 아이도 혼란 없이 안정적으로 성장할 수 있다.

부모는 태권도를 '보내는 곳'이 아닌, '함께 키우는 공간'으로 인식할 때 교육은 훨씬 강력한 시너지를 만들어 낸다.

수련생의 역할: 자기 성장에 대한 책임감

아이는 수련의 주체다.

지도자와 부모가 아무리 노력해도 아이 스스로가 목표를 세우고, 자신의 변화를 받아들일 준비가 되어 있어야 성장할 수 있다.

- 출석을 스스로 챙기고
- 수련 중 집중력을 유지하며
- 어려움이 와도 포기하지 않고
- 스스로를 칭찬하며 나아가는 태도

이러한 자기 주도성은 단기간의 기술보다 평생 가는 인성의 뿌리가 된다.

지도자의 역할: 연결자이자 촉진자

지도자는 수련생과 부모를 연결하고, 아이의 성장을 촉진하는 '교육의 중심'이다.

- 부모와 지속적으로 소통하며 아이의 변화를 공유하고
- 수련생에게는 사랑과 원칙을 동시에 전달하고
- 프로그램을 통해 작지만 꾸준한 성취를 설계하는 것

이 모든 과정에서 지도자는 단지 '가르치는 사람'이 아니라 아이의 가능성을 깨우는 조력자가 되어야 한다.

> **핵심 메시지**
> - 태권도 교육의 성공은 지도자, 부모, 수련생 3자의 협력으로 완성된다.
> - 부모는 신뢰와 지지의 파트너, 수련생은 자기 성장의 주체, 지도자는 연결자 이자 성장 촉진자 역할을 해야 한다.
> - 이 3자의 균형 있는 협력이 태권도장을 단순한 교육장이 아닌, 성장 공동체로 만든다.

신뢰 기반 공동 목표 세우기

목표는 혼자 세우는 것이 아니다

태권도 교육에서 목표를 설정할 때, 많은 도장은 '다음 승급 심사'나 '대회 참가'와 같은 단기 성과 중심의 목표를 세운다.

하지만 이 목표가 부모, 수련생, 지도자 사이에서 공유되지 않으면 그저 형식적인 일정에 불과해진다.

목표는 세 주체가 함께 합의하고, 그 과정과 의미를 공유하는 것에서 출발해야 한다.

신뢰가 없는 목표는 힘을 잃는다

부모가 도장을 믿지 않거나, 아이가 지도자를 신뢰하지 않으면, 아무리 훌륭한 목표라도 힘을 발휘하지 못한다.

- 부모는 지도자의 전문성과 철학을 믿고
- 지도자는 부모의 양육 태도와 기대를 존중하며
- 수련생은 두 어른의 마음을 느끼고 받아들일 때

목표는 단순한 '해야 할 일'이 아니라 '하고 싶은 일'이 된다.

공동 목표의 3단계 설계

1. 공감 단계
   - 서로의 기대와 우려를 나누며 교육 방향을 맞춘다.
   - 예: "이번 학기에는 집중력을 키우는 데 초점을 맞추자."

2. 실행 단계
   - 목표를 달성하기 위한 구체적인 계획을 세운다.
   - 예: 주 3회 출석, 하루 10분 품새 복습

3. 점검 단계
   - 진행 상황을 함께 확인하며 필요한 조정을 한다.
   - 예: 월말평가, 부모-지도자 피드백 미팅

이 3단계가 반복되면 목표는 종이 위의 문장이 아니라 모두가 움직이는, 살아 있는 계획이 된다.

목표 달성의 기쁨은 '함께' 누린다

목표를 세우는 것보다 중요한 건 그 목표를 달성했을 때의 공유된 성취감이다.

- 지도자는 수련생의 노력을 공개적으로 칭찬하고
- 부모는 가정에서 아이의 성장을 인정해 주며
- 아이는 자신이 해낸 일을 자랑스럽게 이야기한다.

이렇게 세 주체가 한 마음으로 기뻐하는 경험은 다음 목표를 향한 강력한 동기가 된다.

핵심 메시지
- 공동 목표는 신뢰를 바탕으로 세 주체가 함께 세워야 한다.
- 공감 → 실행 → 점검의 3단계가 효과적이다.
- 성취의 기쁨을 세 주체가 함께 나누면
- 교육은 단순한 훈련을 넘어 가족 같은 성장 여정이 된다.

함께 만드는 성장 스토리

성장은 결코 혼자만의 여정이 아니다.

태권도 교육에서 진정한 성장은 부모, 수련생, 지도자가 한 팀이 되어 같은 방향을 바라보며 걸어갈 때 비로소 이루어진다.

이 세 주체가 함께 만들어 가는 성장의 이야기는 단순히 승급과 대회 성적에 그치지 않고, 아이의 삶 전반에 깊은 흔적을 남긴다.

성장은 과정 속에서 만들어진다

많은 이들이 성장을 '결과'로만 바라본다.

하지만 진짜 성장은 결과를 향해 나아가는 과정에서 생긴다.

수련생이 새로운 기술을 배우며 느끼는 성취감, 부모가 그 노력을 지켜보며 보내는 격려, 지도자가 땀과 시간을 함께하며 쌓는 믿음. 이 모든 순간들이 모여 하나의 이야기로 엮인다.

세 주체가 각자의 역할을 다할 때

부모는 가정에서 아이가 도장에서 배운 가치를 생활 속에서 실천하도록 돕는다.

지도자는 수련 과정에서 기술과 인성을 균형 있게 지도하며 지속적으로 피드백을 준다.

수련생은 자신의 목표를 분명히 하고 그 목표를 향해 묵묵히 걸어간다.

이렇게 각자의 역할이 살아 있을 때, 성장은 우연이 아니라 필연적인 결과가 된다.

함께 만드는 '성공 체험'

성장 스토리는 한 번의 성공이 아니라, 작은 성공이 이어지며 만들어진다.

첫 품새를 끝까지 해낸 날, 예전보다 빠르게 발차기를 성공한 순간, 심사장에서 떨지 않고 당당히 서 있던 모습.

이 작은 성취들이 쌓여 아이의 자신감은 커지고, 부모와 지도자의 마음도 함께 단단해진다.

스토리가 주는 힘

숫자로 표현되는 성적은 시간이 지나면 잊힌다.

하지만 그 과정에서 함께 울고 웃었던 기억, 서로의 마음을 다독이며 버텼던 순간, 함께 꿈을 이야기하던 밤은 오래도록 남는다.

이러한 이야기들은 아이가 인생의 다른 도전에 맞설 때 강력한 내적 자산이 된다.

핵심 메시지
- 성장은 혼자만의 기록이 아니라 부모, 수련생, 지도자가 함께 써 내려가는 이야기일 때 비로소 완성된다.
- 그 과정에서 쌓인 신뢰와 성취감은 아이의 평생 자산이 되고, 도장은 단순한 훈련장이 아니라 삶의 이야기가 태어나는 곳이 된다.

3부

사람을 키우는 경영 전략

퍼스널 브랜딩
— 관장의 색을 만들다

지도자의 색이 도장의 색이다

도장의 첫인상은 간판이나 시설이 아니라 관장이다.

부모가 상담을 오고, 아이가 첫 수업을 할 때 느끼는 분위기와 신뢰는 관장의 말투, 표정, 태도에서 결정된다.

관장은 단순한 경영자가 아니라 도장의 문화와 철학을 구현하는 사람이다.

그가 가진 가치관, 교육 철학, 생활 태도는 고스란히 수련생과 학부모에게 전달된다.

결국, 도장은 관장의 색깔을 닮아 간다.

도장의 색을 만드는 것은 사람이다

태권도장의 벽 색깔이나 인테리어, 기구 배치보다 관장이 뿜어내는 에너지와 진심이 훨씬 강력한 브랜딩 요소다.

관장이 긍정적이고 따뜻하면 도장은 '환영받는 공간'이 된다.

관장이 엄격하지만 공정하면 도장은 '신뢰받는 공간'이 된다.

반대로 관장이 무심하거나 일관성이 없으면 도장은 쉽게 흔들리고 방향을 잃는다.

색은 선택과 반복에서 나온다

지도자의 색은 하루아침에 생기지 않는다.

작은 선택들이 반복되며 만들어진다.

- 어떤 말투로 아이를 칭찬하는지
- 부모의 질문에 어떻게 대답하는지
- 문제 상황이 생겼을 때 어떤 기준으로 해결하는지

이 선택들이 쌓여 '관장다움'이 되고, 그 '관장다움'이 곧 도장의 분위기가 된다.

색이 명확한 도장은 기억에 남는다

많은 도장 중에서도 오래 기억되는 곳은 색이 뚜렷한 도장이다.

'거긴 아이들이 정말 밝아', '거긴 집중력이 대단해', '거긴 관장님이 아이 이름을 다 외우고 챙겨 줘'와 같은 평판은 브랜딩의 핵심이 된다.

이 평판은 광고가 아닌 관장의 색에서 비롯된다.

> **핵심 메시지**
> - 도장의 색은 관장이 만든다.
> - 관장의 철학과 태도, 선택의 일관성이 곧 도장의 분위기와 브랜드를 결정한다.
> - 따라서 스스로의 색을 정의하고, 그 색을 일관되게 유지하는 것이 퍼스널 브랜딩의 첫걸음이다.

내 도장의 색을 정의하는 7가지 질문

다음 질문에 답하면서 스스로의 색을 명확히 정리해 보자.

가능하면 구체적으로 작성하고, '왜 그게 나의 색인가?'라는 이유까지 적는 것이 좋다.

1. 나는 수련생과 학부모에게 어떤 사람으로 기억되고 싶은가?

(예: 엄격하지만 따뜻한 지도자, 아이의 잠재력을 끌어내는 멘토)

2. 내 교육 철학을 한 문장으로 표현한다면?

(예: 기술보다 인성을 먼저 가르친다)

3. 내 도장에서 반드시 지키고 싶은 3가지 원칙은 무엇인가?

(예: 아이 이름은 반드시 부르며 칭찬한다, 지각은 절대 허용하지 않는다)

4. 내 도장에서 가장 강조하고 싶은 분위기는 무엇인가?

(예: 활기찬 에너지, 집중과 몰입, 가족 같은 따뜻함)

5. 부모가 도장을 방문했을 때, 가장 먼저 느끼길 원하는 감정은 무엇인가?

(예: 신뢰감, 안정감, 기대감)

6. 나를 다른 지도자와 구분 짓는 나만의 강점은 무엇인가?

(예: 상담 능력, 대회 지도 경험, 아이 눈높이 소통)

7. 앞으로 5년 후, 내 도장의 색이 어떤 모습으로 자리 잡기를 원하는가?

(예: 지역에서 가장 신뢰받는 교육 도장, 글로벌 태권도 네트워크 중심)

활용 방법

이 질문에 대한 답을 기록해 두면, 광고 문구, 상담 대화, 도장 운영 방침까지 일관성 있게 유지할 수 있다.

색이 명확해질수록 도장은 '그 관장님다운' 브랜드로 자리 잡는다.

나만의 강점 찾기

강점은 '남이 칭찬해 준 것'에서 시작된다

많은 지도자가 자기 강점을 묻는 질문에 잠시 멈춘다.

왜냐하면 우리는 스스로의 장점을 명확히 보지 못하는 경우가

팀워크와 조직 문화
— 직원과 보조 사범 관리

건강한 조직 문화 설계

문화는 방치하면 저절로 나빠진다

　도장의 조직 문화는 '그냥 두면 좋은 방향으로' 흘러가는 경우가 거의 없다.

　자연스럽게 형성되는 문화는 대체로 편의주의, 무책임, 파벌 같은 부정적 요소를 품기 쉽다. 따라서 관장은 조직 문화의 방향을 의도적으로 설계해야 한다.

　이는 시설 인테리어나 프로그램보다도 우선순위가 높다.

가치와 원칙을 먼저 세운다

　건강한 조직 문화는 '좋은 분위기'만을 의미하지 않는다.

　무엇을 최우선 가치로 둘 것인지를 팀 전체가 알고 있어야 한다.

　예를 들어,

- "수련생 안전이 모든 판단의 기준이다."
- "문제 제기는 언제나 환영한다."
- "팀원끼리의 뒷담화는 금지한다."

이런 원칙이 명확해야 팀원들이 같은 기준으로 행동한다.

작은 행동 규칙이 문화를 지킨다

거창한 선언문보다 일상에서 지킬 수 있는 행동 규칙이 더 중요하다.

- 수업 전 반드시 조기 출근
- 문제 상황은 당일 보고
- 행사 후 정리와 평가 회의 필수

이런 규칙들이 쌓여 신뢰와 효율성을 만든다.

인정과 피드백이 동시에 있는 환경

건강한 조직 문화는 잘한 점을 인정하면서도, 개선할 부분은 솔직하게 이야기하는 구조를 갖는다.

칭찬만 있고 피드백이 없으면 발전이 없고, 피드백만 있고 칭찬이 없으면 팀원들이 쉽게 지친다.

'격려 70%, 개선 30%'의 균형이 이상적이다.

> **핵심 메시지**
> - 건강한 조직 문화는 우연히 만들어지지 않는다.
> - 관장이 설계한 가치와 원칙, 그리고 이를 지키는 작은 습관들이
> - 도장의 신뢰와 성장을 지탱하는 기반이 된다.

역할 분담과 책임 부여

모든 일을 관장이 다 하면, 팀은 자라지 않는다

많은 태권도장에서 관장이 '모든 결정'과 '모든 실행'을 떠맡는다.

이 방식은 단기적으로는 빠르고 안전해 보이지만, 장기적으로는 팀원들의 성장을 막고, 관장 본인에게 과도한 부담을 준다.

역할 분담은 관장의 일을 줄이는 것이 아니라, 팀원들에게 성장할 기회를 주는 과정이다.

역할은 '능력'보다 '성장 가능성'에 맞춘다

역할을 배정할 때 현재 실력만 보고 맡기면, 늘 잘하는 사람만 같은 일을 하게 된다.

이는 팀 내 불균형을 만들고, 새로운 인재를 키우기 어렵게 한다.

· 경험 많은 사범에게는 복잡한 수업 기획과 지도자 교육을 맡긴다.

· 신입 보조 사범에게는 단순 보조 역할에서 점차 지도와 행사

진행까지 확장시킨다.

책임을 부여할 때는 권한도 함께 준다

책임만 지게 하고 결정권을 주지 않으면 팀원은 늘 '시킨 일'만 하는 태도로 바뀐다.

예를 들어, 승급 심사 준비를 맡겼다면 일정·인원·운영 방식에 대해 최소한의 결정권을 함께 부여해야 한다.

그렇게 해야 결과에 대한 주인의식이 생긴다.

과정 점검은 '불신'이 아니라 '지원'의 의미

역할을 맡긴 뒤에는 중간 점검이 필요하다.

다만, 이는 '감시'가 아니라 '도움'을 주기 위함임을 명확히 해야 한다.

문제가 발견되면 즉시 수정하고, 잘된 점은 공개적으로 칭찬한다.

이런 과정이 반복되면, 팀원들은 점점 스스로 움직이는 힘을 갖게 된다.

핵심 메시지

- 역할 분담과 책임 부여는 단순한 업무 배치가 아니라, 팀원이 도장의 주인으로 성장하는 통로다.
- 권한과 책임이 균형을 이룰 때, 관장은 진짜 의미의 '팀'을 갖게 된다.

갈등을 성장의 기회로

갈등은 '문제'가 아니라 '신호'다

　태권도장 운영에서 갈등은 피할 수 없다.

　관장과 사범, 사범과 보조 사범, 심지어 사범과 학부모 사이에서도 의견 차이와 불만은 언제든 발생할 수 있다.

　문제는 갈등이 있다는 사실이 아니라, 그 갈등을 어떻게 다루느냐에 있다.

　갈등은 잘만 활용하면 팀의 체질을 강하게 만들 수 있는 '성장 신호'다.

감정보다 '사실'을 먼저 본다

　갈등이 격해지는 이유는 대부분 감정 때문이다.

　따라서 해결의 첫 단계는 감정을 가라앉히고 사실 관계를 정리하는 것이다.

　예를 들어, "사범님이 저를 무시했어요."가 아니라 "지난 회의에서 제 의견이 중간에 끊겼습니다."처럼 구체적 사실로 표현해야 한다.

　이렇게 하면 감정의 불필요한 소모를 줄이고 문제의 본질에 집중할 수 있다.

'이긴 사람'이 아니라 '해결된 문제'를 남긴다

　갈등을 끝내는 목표는 누가 옳고 그른지를 가리는 것이 아니라 문제를 해결하고 관계를 회복하는 것이다.

논쟁에서 이긴 사람은 일시적인 만족감을 얻을 수 있지만, 진짜 승자는 관계와 신뢰를 지킨 사람이다. 따라서 회의나 조정 자리에서는 '해결책'을 남기는 것으로 마무리해야 한다.

사전 예방이 최고의 갈등 관리

정기적인 팀 회의, 역할 명확화, 의사소통 규칙 설정은 갈등의 발생 빈도를 줄인다.

또한, 구성원이 불만을 미리 표현할 수 있는 '안전한 통로'를 마련하면

작은 문제를 조기에 해결할 수 있다.

핵심 메시지

- 갈등은 피해야 할 재난이 아니라, 도장을 더 강하게 만드는 점검 장치다.
- 감정보다 사실에 집중하고, 이기기보다 해결에 초점을 맞출 때 갈등은 팀을 성장시키는 자산이 된다.

오래 함께하는 사범 만들기

성장 경로와 비전 제공

직장은 '머무는 곳'이 아니라 '성장하는 곳'

많은 사범이 도장을 '잠시 거치는 직장'으로 생각하는 이유는 미래에 대한 명확한 그림이 없기 때문이다.

오늘 하루 수업만 끝내면 되는 곳, 당장의 급여만 받으면 되는 곳이라면 오래 머물 이유가 없다. 하지만 관장이 사범의 장기 성장 경로와 비전을 제시하면 도장은 '머무는 직장'을 넘어 함께 성장하는 터전이 된다.

단계별 성장 로드맵 설계

사범이 입사해서 퇴사할 때까지의 여정은 우연이 아니라 계획이 되어야 한다.

예를 들어,

1~2년 차: 수업 보조, 기초 지도 역량 강화

3~4년 차: 독립 수업 운영, 학부모 상담 참여

5년 차 이상: 프로그램 기획, 후배 사범 멘토링, 운영 일부 참여

이렇게 단계별로 성장 경로를 설계하면 사범은 자신의 현재 위치와 다음 목표를 명확히 알 수 있다.

개인의 꿈과 도장의 비전을 연결한다

사범의 장래 희망이 도장 운영자가 될 수도, 해외 태권도 진출이 될 수도 있다.

중요한 것은 도장의 성장 방향과 개인의 목표를 겹치는 지점을 찾는 것이다.

관장이 "당신의 목표를 이 도장에서 함께 이루자."라고 말하는 순간, 그 사범은 단순한 직원이 아니라 비전의 동반자가 된다.

비전은 말이 아니라 '그림'으로 보여 준다

비전을 단순히 말로만 전달하면 추상적으로 느껴진다.

조직도, 커리어 패스 다이어그램, 구체적인 연봉·역할 변화 계획을 시각 자료로 보여 주면 사범의 몰입도가 높아진다.

> **핵심 메시지**
> - 사범이 오래 함께하려면 오늘의 업무뿐 아니라 내일의 자리까지 보여 줘야 한다.
> - 비전은 함께 바라보는 목표이자 관장과 사범을 오래 묶어 주는 가장 강력한 끈이다.

인정과 보상의 힘

사람은 '보고 인정받을 때' 성장한다

급여와 복지 제도도 중요하지만, 사범이 오래 머무는 가장 큰 이유 중 하나는 인정받는 경험이다.

아무리 헌신해도 그것이 눈에 보이지 않으면 사범은 점점 동기를 잃는다.

반대로, 작은 성과라도 즉시 인정해 주면 그 성과는 반복되고, 신뢰와 충성심이 쌓인다.

인정은 공개적으로, 보상은 상황에 맞게

· 공개적인 인정: 회의나 단체 채팅방에서 '오늘 수업 정말 좋았다'처럼 구체적인 칭찬을 하면 자부심이 커진다.

· 개인적인 보상: 성과급, 휴가, 교육 지원 등 개인 상황에 맞춘 보상은 지속적인 동기를 만든다.

보상은 금전만이 아니다

물론 금전적 보상은 강력한 동기 부여 수단이다.

하지만 때로는 휴식, 성장 기회, 권한 위임이 더 큰 가치를 만든다.

예를 들어, 새로운 프로그램의 책임을 맡기는 것은 단순한 급여 인상보다 더 큰 동기와 자부심을 줄 수 있다.

정기적인 '인정과 보상' 시스템 만들기

인정과 보상은 일회성 이벤트가 아니라 도장 문화 속에 녹아 있어야 한다.

분기별 평가 회의에서 성과를 발표하고, 작은 성공에도 포상하는 습관을 들이면 사범들은 도장에서의 하루하루를 기대하며 일하게 된다.

> **핵심 메시지**
> - 사람은 자신이 인정받고 있다는 확신이 있을 때 더 깊이 헌신한다.
> - 인정은 마음을 움직이고, 보상은 그 마음을 오래 머물게 한다.

퇴사율을 낮추는 환경 만들기

떠나는 이유를 먼저 이해하라

사범이 도장을 떠나는 이유는 단순하지 않다.

급여 문제, 성장 기회 부족, 인간관계 갈등, 미래에 대한 불안 등 겉으로 드러나는 이유 뒤에는 더 깊은 심리적 원인이 숨어 있다.

따라서 퇴사율을 낮추기 위해서는 먼저 떠나는 이유를 정확히 진단해야 한다.

정기적인 1:1 면담과 비공식적인 대화를 통해 사범의 고민을 미리 파악하고, 문제가 커지기 전에 해결해야 한다.

안정감과 미래에 대한 그림을 제공하라

사범이 오래 머물려면 '지금'뿐 아니라 '앞으로'가 보여야 한다.

· 경력 설계: 수석 사범, 부관장, 공동 운영 파트너 등 단계별 성장 경로를 명확히 제시한다.
· 미래 보장: 장기 근속 시 인센티브, 퇴직금, 교육비 지원 같은 현실적 혜택이 뒷받침돼야 한다.
· 업무 안정성: 갑작스러운 시간표 변경, 불규칙한 근무 환경은 불안감을 높인다. 계획적인 운영이 신뢰를 만든다.

건강한 관계와 조직 문화

급여와 조건이 아무리 좋아도 관계가 힘들면 사람은 떠난다.
· 존중의 문화: 상호 존댓말, 사범 의견 반영, 무시하는 언행 금지.
· 갈등 해결 구조: 문제가 생겼을 때 즉시 조율하는 중재 시스템.
· 팀워크 활동: 정기적인 회식, 워크숍, 운동 모임은 업무 외 유대감을 강화한다.

성취감을 느끼는 업무 환경

사범이 느끼는 가장 큰 피로는 보람 없는 반복이다.

새로운 수업 방식 도입, 특별 프로그램 참여 등 변화를 주어 창의성을 발휘하게 한다.

지도자가 성장하는 모습을 관장과 동료가 인정해 주는 환경을 만든다.

퇴사율을 낮추는 '문화적 장치'

- 정기 피드백: 월 1회 '칭찬+개선' 회의.
- 작은 기념일 챙기기: 생일, 근속 1주년, 프로젝트 완수일.
- 함께 세운 목표: 사범이 스스로 세운 목표를 달성할 수 있도록 지원.

핵심 메시지

- 사람이 머무는 이유는 조건만이 아니다.
- 관계, 성장, 안정감, 인정, 보람이 어우러질 때 도장은 사범이 평생 머물고 싶은 곳이 된다.

교육의 작은 성공 경험 설계

단계별 목표 설정

왜 작은 목표가 중요한가

태권도 교육에서 '한번에 큰 변화를 이루자'는 접근은 대부분 오래가지 못한다.

아이든 성인이든, 목표가 너무 크면 시작조차 두렵거나 중간에 포기할 가능성이 높다.

반대로, 작고 구체적인 목표는 금방 달성할 수 있어 자신감을 키우고 다음 단계로 나아가게 하는 '사다리' 역할을 한다.

예: '겨루기에서 3번 연속 발을 맞히기', '이번 달에는 품새 2장까지 완벽하게 외우기'

목표는 '크게 그리고, 작게 나눈다'
- 큰 그림: 연간 교육 계획과 승급 로드맵
- 작은 단위: 주간·월간 목표로 세분화

이렇게 하면 방향성과 즉각적인 성취감을 모두 잡을 수 있다.

예를 들어,
큰 목표: 6개월 뒤 품새 5장 완성
작은 목표: 매주 한 동작씩 완벽히 익히기

개인화된 목표 설정
- 모든 수련생이 같은 속도로 성장하지 않는다.
- 발차기 속도는 빠르지만 품새 집중력이 약한 아이 → 품새 완성 목표를 우선
- 집중력은 뛰어나지만 체력이 약한 아이 → 체력 강화와 발차기 횟수 목표를 우선
- 개인별 맞춤 목표는 나만을 위한 설계라는 느낌을 주어 동기 부여 효과가 크다.

목표 공유와 시각화
목표는 머릿속에만 두는 것이 아니라 눈에 보이게 해야 한다.
- 도장 내 목표 보드
- 개인별 성장 차트
- 지도자·부모·수련생이 함께 확인하는 '진행 상황' 이렇게 하면

목표가 추상적인 말이 아니라, 현실 속에서 달려가는 과정이 된다.

> **핵심 메시지**
> - 단계별 목표 설정은 작은 성공 경험의 첫 단추다.
> - 작고 구체적인 성취가 쌓일 때, 수련생은 성공을 습관처럼 만드는 사람으로 성장한다.

'성공 경험'의 심리학

성공은 '심리적 연료'다

심리학에 자기 효능감(Self-efficacy)이라는 개념이 있다.

자신이 목표를 달성할 수 있다는 믿음인데, 이 믿음은 한 번의 큰 성공보다 작은 성공의 반복을 통해 강하게 형성된다. 태권도 교육에서도 마찬가지다.

- 품새 한 동작을 완벽히 해낸 순간
- 겨루기에서 예전에 못하던 기술을 성공시킨 순간

이런 경험이 쌓이면 '나는 할 수 있다'라는 자기 확신이 생긴다.

도파민과 동기 부여의 연결

작은 목표를 달성했을 때 뇌는 도파민을 분비한다.

이 도파민은 '즐거움'을 느끼게 하고, 다시 그 경험을 하고 싶게 만든다.

즉, 목표 달성 → 도파민 분비 → 다시 도전이 선순환이 만들어진다.

태권도장에서 이 과정을 설계하면 수련생은 훈련 자체를 즐기게 되고, 장기적으로 '평생 운동 습관'으로 이어진다.

'성공 기준'을 재설정하라

많은 지도자들이 실수하는 부분은 성공의 기준을 너무 높게 잡는 것이다.

예를 들어,
· 전국 대회 입상
· 다음 심사에서 최고 점수

이런 기준은 도달하기 어렵고, 실패 경험만 남긴다.

성공의 문턱을 낮추고, 누구나 도전하면 이룰 수 있는 기준부터 시작하면 수련생은 성취감에 중독된다.

그리고 점점 그 기준을 높여 가는 것이 효과적이다.

실패를 '성장 경험'으로 연결

성공 경험이 중요하다고 해서 실패를 피하라는 뜻은 아니다.

오히려 실패 직후 작은 성공 경험을 빠르게 제공하면 수련생은 좌절에서 회복되는 속도가 빨라진다.

예:
- 대회에서 지더라도, 다음날 수업에서 기술 하나 완벽히 성공
- 심사에서 아쉬웠더라도, 그 주 주간 목표를 달성 이런 설계는 실패를 '성장의 재료'로 바꾸는 심리학적 장치다.

핵심 메시지
- 성공 경험은 태권도 교육의 심리적 연료다.
- 작은 목표 달성과 반복된 성취가 수련생의 자기 효능감을 높이고, 평생 도전하는 사람으로 만들어 준다.

지속적인 동기 부여 전략

동기 부여는 '한 번의 불꽃'이 아니라 '계속 지키는 불씨'

많은 지도자들이 초반에만 열정적으로 동기 부여를 하고, 시간이 지나면 자연스럽게 수련생의 의지가 약해진다고 말한다.

그러나 동기 부여는 점화보다 유지가 더 중요하다. 작은 불씨를 꺼뜨리지 않으려면 정기적으로 '심리적 연료'를 공급해야 한다.

'단기 목표'와 '장기 목표'를 함께 설계

단기 목표는 눈앞의 성취감을 주고, 장기 목표는 방향성을 제시한다.

두 가지가 동시에 있어야 동기 부여가 지속된다.

예:
- 단기 목표: 이번 달 발차기 정확도 80% 달성
- 장기 목표: 1년 후 품새 대회 출전

단기 목표는 달성 시 즉시 보상을 주고, 장기 목표는 이야기와 비전으로 계속 상기시킨다.

'보상'은 물질보다 감정이 오래간다

메달, 스티커, 상품 같은 보상도 좋지만 가장 강력한 보상은 지도자의 진심 어린 인정이다.

- "네가 해낸 걸 정말 자랑스럽게 생각한다"
- "네 노력은 절대 헛되지 않았다"

이런 말은 아이 마음속 깊이 각인되어 다음 도전의 원동력이 된다.

환경이 동기를 만든다

동기 부여는 말로만 하는 것이 아니다.

- 벽면에 성취 포토존 설치
- 출석 달성 차트
- 작은 목표를 시각적으로 표시하는 보드

이런 환경은 스스로 동기를 느끼게 만드는 장치다.

'함께하는 목표'의 힘

동기는 혼자 있을 때보다 함께할 때 오래간다. 수련생들끼리 팀을 만들어 목표를 공유하고, 서로 응원하며 도전하게 하면 중도 포기율이 현저히 낮아진다.

핵심 메시지

- 동기 부여는 불꽃놀이처럼 한 번 터뜨리고 끝나는 것이 아니라, 작은 불씨를 오래 지키는 일이다. 단기·장기 목표를 함께 설계하고, 감정적 보상과 환경적 장치를 활용하면 수련생은 꾸준히 성장하는 길을 걷게 된다.

특별 프로그램과 캠프 운영

차별화된 콘텐츠 기획

특별 프로그램이 도장 브랜딩을 만든다

태권도장의 일상 수업만으로는 전달할 수 없는 가치와 경험이 있다.

이 공백을 채워 주는 것이 특별 프로그램이다.

- 여름·겨울 방학 특강
- 주말 리더십 캠프
- 부모·자녀 태권도 데이

이런 프로그램은 단순한 이벤트가 아니라 도장의 브랜드 이미지를 강화하는 '교육 시그니처' 역할을 한다.

콘텐츠는 '도장의 철학'과 연결되어야 한다

많은 도장이 외부 프로그램을 그대로 가져와 진행하지만, 이 경우 도장의 색이 드러나지 않는다. 인성 교육 철학을 중심에 두면 모든 특별 프로그램의 주제, 활동, 평가 방식이 일관성을 갖게 되고, 학부모와 수련생 모두 '이 도장만의 교육'이라는 인식을 갖는다.

경험 중심의 프로그램 설계

아이들이 직접 보고, 만지고, 느낄 수 있는 프로그램이 오래 기억된다.

- 농장 체험+태권도 발차기 챌린지
- 산행+호신술 미션 수행
- 요리 활동+리더십 발표

이렇게 '활동+교육 목표'를 결합하면 놀면서 배우는 경험이 가능하다.

차별화의 핵심은 '스토리'

단순히 활동을 나열하는 것이 아니라 시작부터 끝까지 하나의 이야기를 만들면 몰입도가 높아진다.

예: '무도인의 하루'
오전: 전통 무예 수련
오후: 자기 주도 미션 수행

저녁: 하루 성찰 기록 작성

사전 홍보와 기대감 형성

프로그램의 성패는 시작 전부터 결정된다.

· 포스터, 영상, 시범 영상을 통한 홍보
· 참가자 모집 시 '한정 인원'과 '특별 혜택' 강조
· 이전 참가자의 후기 공유

이런 준비가 참가 의지를 높이고, 만족도까지 끌어올린다.

핵심 메시지
- 특별 프로그램은 단순한 이벤트가 아니라, 도장의 철학을 담아 브랜드 이미지를 강화하는 전략이다.
- 경험·스토리 중심으로 기획하고, 사전 홍보로 기대감을 키우면 참가자들의 몰입도와 재참여율이 높아진다.

시즌별·연령별 운영 팁

시즌별 운영 전략

1) 겨울 방학
· 목표: 체력 유지와 집중력 향상
· 프로그램 예시: 실내 체력 강화 훈련, 겨울 리더십 캠프, 실전

호신술 집중반
- 포인트: 방학 기간에 게임·휴대폰 사용 시간이 늘어나는 만큼 규칙적인 수련과 공동생활 경험을 통해 생활 리듬을 유지하도록 한다.

2) 여름 방학
- 목표: 체험 학습과 사회성 강화
- 프로그램 예시: 자연 체험 캠프, 수상 레포츠+태권도, 환경 보호 프로젝트
- 포인트: 에너지가 많은 계절이므로 활동량을 높이고, 협력 과제와 리더십 훈련을 포함해 공동체 의식을 키운다.

3) 학기 중 주말 특강
- 목표: 특정 기술·인성 요소 집중 훈련
- 프로그램 예시: 시범단 마스터 클래스, 발표력·자신감 훈련, 농장 체험
- 포인트: 정규 수업과 다른 '집중 훈련의 맛'을 제공해 동기 부여를 높인다.

연령별 운영 전략

1) 유치부(5~7세)
- 핵심 포인트: 재미 중심, 규칙 지키기 훈련
- 추천 프로그램: 태권도 기본동작 수업, 미선형 수련, 부모 참여 수업

· 운영 팁: 활동 시간은 짧게, 칭찬과 시각 자료를 많이 활용

2) 초등부(1~6학년)
· 핵심 포인트: 기술·인성 균형, 작은 성취 경험 설계
· 추천 프로그램: 계단식 품새 달성 프로젝트, 친구와 팀 미션, 리더십 캠프
· 운영 팁: 반별 경쟁·협력 요소를 적절히 섞어 동기 부여

3) 중·고등부
· 핵심 포인트: 진로 연계, 자기 주도 수련
· 추천 프로그램: 지도법 특강, 시범단 프로젝트, 호신술 심화 과정
· 운영 팁: 후배 교육·행사 진행 기회를 주어 책임감과 성취감 강화

4) 성인·학부모
· 핵심 포인트: 건강·스트레스 해소, 가족 중심 활동
· 추천 프로그램: 다이어트 태권도, 가족 품새 대회, 생활 호신술 클래스
· 운영 팁: 운동 효과와 실생활 연계를 강조해 꾸준히 참여하도록 유도

> **핵심 메시지**
> - 시즌과 연령을 고려한 프로그램 설계는 참가자의 흥미와 몰입도를 높이는 핵심 전략이다. 같은 프로그램이라도 계절·연령에 맞게 변형하면 재참여율과 만족도를 동시에 높일 수 있다.

학부모 참여 프로그램

학부모 참여의 필요성

태권도 교육의 성과를 극대화하려면 가정과 도장이 연결되어야 한다.

아이가 도장에서 배우는 태도와 가치가 집에서도 이어질 때, 교육 효과는 단순히 두 배가 아니라 그 이상이 된다.

학부모 참여 프로그램 유형

1) 부모 참관 수업
- 목적: 수업 과정을 직접 보고, 아이의 성장 포인트를 확인
- 운영 방법: 분기 1회, 일정 시간만 공개, 지나친 간섭은 차단
- 효과: 부모가 도장 교육에 대한 신뢰와 이해를 높임

2) 가족 태권도 대회
- 목적: 가족 간 유대 강화, 도장과의 정서적 연결

- 운영 방법: 부모·자녀가 한 팀이 되어 품새·기술 시연
- 효과: 부모가 아이와 함께 땀 흘리며 성취감을 공유

3) 학부모 워크숍
- 목적: 교육 철학 공유, 양육 정보 제공
- 운영 방법: 연 1~2회, 주제별 강연·토론
- 효과: 지도자와 부모가 교육 방향을 일치시키는 장치

4) 봉사·지역 행사 참여
- 목적: 도장의 사회적 가치 확산
- 운영 방법: 학부모와 함께하는 재능 기부, 마을 행사 참여
- 효과: 부모가 도장의 '외부 홍보 대사' 역할을 자발적으로 수행
- 운영 팁
- 참여 부담 최소화: 참여를 '의무'가 아닌 '기회'로 느끼게 해야 함
- 성과 공유: 참여 후 아이의 변화나 긍정 사례를 소식지·SNS로 공유
- 관계 강화: 프로그램 종료 후 감사 인사와 소규모 간담회로 마무리

핵심 메시지

- 학부모 참여 프로그램은 태권도 교육을 가정까지 확장하는 다리다.
- 부모가 교육의 동반자가 될 때, 도장은 단순한 훈련장이 아니라 가족의 성장 공간으로 자리 잡는다.

승급 심사와
성장 스토리 만들기

심사 기준의 명확화

승급 심사는 단순히 띠 색이 바뀌는 절차가 아니다.
아이와 부모, 지도자 모두에게 '성장의 증명서'와 같은 의미를 갖는다.
그러나 이 과정에서 평가 기준이 불분명하면, 결과에 대한 이해 부족과 불신이 쌓이게 된다. 그래서 공정하고 명확한 심사 기준은 태권도장의 신뢰를 지키는 핵심이다.

기준의 투명성 확보

- 문서화된 평가표 제공: 품새, 발차기, 기본기, 태도, 체력, 출석률 등 평가 항목을 세분화하여 안내한다.
- 심사 전 사전 교육: 심사 2~3주 전, 지도자가 직접 항목별 시범과 설명을 진행해 수련생과 부모 모두가 이해할 수 있도록 합

니다.
- 시각 자료 활용: 정확한 동작의 사진·영상 예시를 제공하면 기준이 더욱 명확해집니다.

레벨별 목표 구체화

나는 14급 체계를 기준으로 한다면, 각 급마다 '필수 달성 항목'과 '도전 항목'을 구분한다.

- 필수 달성 항목: 반드시 합격을 위해 충족해야 하는 최소 기준
- 도전 항목: 합격 후에도 더 높은 수준을 향해 노력할 수 있도록 설정

이렇게 하면 합격자는 성취감을, 불합격자는 다음 목표를 명확히 인식하게 된다.

공정성과 일관성 유지

심사 기준이 아무리 좋아도, 평가가 지도자마다 다르면 신뢰를 잃는다.
모든 심사위원이 동일한 평가표와 기준을 사용 가능하다면 영상 기록을 남겨, 이견이 생길 경우 재검토 가능하다.

> **핵심 메시지**
> - 명확한 심사 기준은 결과를 설득력 있게 만들고, 도장의 신뢰도를 높이며, 수련생에게 공정한 성장 무대를 제공한다.

성장 피드백 제공법 방식

나는 태권도장은 '불합격'이라는 단어를 쓰지 않는다. 심사는 아이의 가능성을 끊는 순간이 아니라, 그 가능성을 더 크게 키우는 출발점이기 때문이다.

재심사 제도를 통한 성장 기회

한 번의 심사에서 원하는 결과를 얻지 못해도, '다시 도전할 기회'가 반드시 주어진다.
우리는 이를 '재심사'라 부르며, 성장을 위한 과정으로 안내한다.
'다시 해 보자'가 아니라 '이다음 단계를 준비하자'라는 메시지를 전한다.

가능성을 먼저 보는 피드백

재심사를 안내할 때, 부족한 점보다 가능성을 먼저 말한다.
"이번에는 발차기의 중심이 조금 흔들렸지만, 네가 지난달보다 힘이 훨씬 좋아졌어. 다음 재심사 때는 이 힘을 더 안정적으로 쓰면 충분히 합격할 수 있어."

재심사 전 맞춤 훈련 계획 제공

개인별 보완 과제를 제시하고, 지도자와 부모가 함께 점검할 수 있도록 간단한 체크리스트를 제공한다.

이 과정에서 수련생은 '다시 해야 한다'는 부담이 아니라 '더 잘할 수 있다'는 기대감을 느낀다.

재심사의 성취감 극대화

재심사에서 합격한 순간, 처음 합격했을 때보다 더 큰 성취감이 생긴다.

지도자·부모·수련생이 함께 축하하며, 노력의 과정을 인정한다.

> **핵심 메시지**
> 나는 심사는 통과 여부를 가르는 '시험'이 아니라 아이가 스스로를 뛰어넘는 성장 여정이다. '불합격'은 없고, 오직 '다시 도전하는 기회'만 있다.

심사를 '축제'로 만드는 방법

많은 도장에서 승급 심사는 긴장과 부담의 날로 인식된다. 하지만 나는 심사를 도장 전체의 '축제'로 만든다.

심사는 단순히 기술을 평가하는 날이 아니라, 아이들의 성장을 공개적으로 축하하고 다음 성장을 약속하는 날이기 때문이다.

도장 전체가 함께 준비하는 분위기

심사 주간이 다가오면, 모든 지도자가 아이들의 마지막 훈련에 전력을 다한다.

부모에게도 심사 일정과 준비 사항을 공유해 가정에서도 응원의 분위기를 조성한다.

도장 내부에 심사 카운트다운 보드, 응원 문구, 포스터 등을 걸어 축제 전야제 같은 설렘을 만든다.

무대 같은 심사 환경 연출

심사장은 깨끗하게 정리하고, 태권도의 상징과 학원(도장) 로고가 잘 보이도록 배치한다.

아이들이 무대에 선 '선수'라는 자부심을 느끼도록 조명, 음악, 안내 멘트 등 세세한 요소를 준비한다.

응원과 격려가 끊이지 않는 심사 진행

심사 중에도 지도자는 긴장하는 아이에게 짧은 격려를 건넨다.

부모가 관람할 수 있는 구조를 만들어 아이가 응원의 시선을 느끼게 한다.

재심사 대상자도 같은 무대에 서서 "나도 이 자리에 설 수 있다"는 자신감을 얻게 한다.

결과 발표 = 다음 도전의 출발점

발표 순간을 '합격'과 '불합격'이 아닌 '현재 위치와 다음 성장 단계'로 안내한다.

재심사 대상자에게는 "이번 기회를 통해 더 단단해질 수 있다"는 구체적 조언과 훈련 방향을 제시한다.

심사의 끝이 아니라 다음 목표의 시작점임을 명확히 한다.

공유와 확산

심사 장면과 기념사진을 도장 SNS, 단체방에 공유해 아이의 성취와 도전 과정을 지역 사회와 나눈다.

부모가 자녀의 변화를 다른 가족, 지인에게 자랑하면서 자연스럽게 도장의 교육 철학이 확산된다.

핵심 메시지
- 나는 심사는 '통과'가 목적이 아니라 아이의 현재를 확인하고 다음 성장을 약속하는 날이다.
- 결과보다 과정에 집중하고, 모든 아이가 자신 있게 다음 무대에 오를 수 있도록 돕는 것이 우리의 심사 철학이다.

4부

AI를 활용한
스마트 도장 운영

AI 시대의 수업 관리와 데이터 활용

장

출석·성취 데이터 분석

태권도 교육에서 출석과 성취는 단순한 기록이 아니다.

출석은 수련생의 생활 습관과 학습 태도를 보여 주는 거울이며, 성취는 그 아이가 얼마나 몰입하고 성장했는지를 보여 주는 결과다. AI 시대에는 이 두 가지 요소를 단순히 눈으로 확인하는 것을 넘어, 데이터로 정밀하게 분석할 수 있다.

출석 패턴에서 보이는 신호

출석 데이터는 '참석 여부' 이상의 의미를 담고 있다.

· 꾸준함의 지표: 주 3회 이상 규칙적으로 오는 아이는 학습 리듬이 안정적이다.
· 결석의 패턴: 특정 요일에 반복적으로 빠지는 경우, 학원 외 활

동과의 충돌이나 정서적 요인을 의심해 볼 수 있다.

· 심사 전후 변화: 심사 전 한 달간 출석률이 급격히 오르면 단기 목표 중심의 학습 경향을 파악할 수 있다.

AI는 이러한 데이터를 자동으로 수집·분석하여 '이번 달 B군의 수업 참여율은 78%, 화요일 결석률 60%'처럼 구체적이고 객관적인 리포트를 제공한다.

이 정보는 지도자가 맞춤형 지도 전략을 세우는 데 중요한 자료가 된다.

성취 데이터를 통한 성장 추적

출석만으로는 성장 정도를 완전히 파악할 수 없다.

품새 정확도, 발차기 속도·높이, 겨루기 반응 시간, 체력 지표 등 여러 성취 데이터를 함께 분석해야 한다.

AI 분석 도구를 활용하면 다음과 같은 인사이트를 얻을 수 있다.

· 품새 정확도 85% → 동작 안정화 단계
· 발차기 속도 상위 15% → 겨루기 실전 적용 가능
· 유연성 하위 30% → 스트레칭 및 근력 보강 필요

이러한 데이터는 수련생 개별 성장 경로를 시각화하여 지도자와 부모가 함께 확인할 수 있도록 한다.

데이터 분석의 교육적 가치

데이터 기반의 출석·성취 분석은 지도자에게는 정확한 지도 방향을, 수련생에게는 나만을 위한 맞춤 코칭을, 부모에게는 교육 신뢰성을 제공한다.

이는 결국 단순한 기록이 아닌, '아이가 어떻게 변하고 있는가'를 보여 주는 증거가 된다.

핵심 메시지

- 출석과 성취 데이터는 '참석 여부'와 '점수' 이상의 의미를 가진다.
- AI 분석을 통해 그 속에 숨겨진 습관, 태도, 성장의 흐름을 읽어 낼 때 교육은 감에 의존한 지도가 아니라, 근거 있는 코칭과 맞춤형 성장 지원으로 발전한다.

데이터 기반 피드백

태권도 교육에서 피드백은 단순한 '잘했어요'나 '다음에는 이렇게 해 보자' 수준을 넘어, 구체적이고 객관적인 근거를 바탕으로 해야 효과가 극대화된다.

AI가 제공하는 데이터는 지도자의 피드백을 더 명확하고 설득력 있게 만든다.

데이터 피드백의 3원칙

1) 즉시성

수업 직후 또는 훈련 도중 바로 피드백 제공.

아이가 방금 경험한 동작을 머릿속에 떠올릴 수 있을 때 교정하는 것이 가장 효과적이다.

2) 구체성

"발차기가 빨라졌다"보다 "지난달 대비 0.2초 빨라져서 1.1초 만에 찼다"가 훨씬 설득력 있다.

3) 비교 가능성

동일 학생의 과거 데이터와 비교 → 성장 실감.

다른 학생 평균과 비교 → 현재 위치 파악.

AI 기반 피드백 예시

· 품새 각도 분석: "이번 주 상단막기 각도가 85°에서 89°로 개선되었습니다. 목표는 90°입니다."

· 발차기 속도: "지난달 1.3m/s → 이번 달 1.6m/s, 23% 향상."

· 집중 시간: 센서 기록에 따라 평균 집중 시간이 6분 → 8분으로 증가.

부모 피드백 시스템

AI 데이터는 지도자만 보는 것이 아니라, 부모와도 공유해야 한다.

- 월간 리포트: 표와 그래프를 통해 아이의 성장 과정을 시각화.
- 영상 비교: 이전 달과 이번 달 영상을 나란히 배치해 변화 확인.
- 부모 코멘트 작성란: 가정에서 격려 문구를 남길 수 있도록 함.

이렇게 하면 부모도 교육의 '소극적 관람자'가 아닌 능동적 동반자가 된다.

데이터와 감성의 균형

AI가 제공하는 수치는 성장의 '지도'일 뿐, 길을 걷는 것은 사람이다.

지도자가 수치를 전달할 때는 반드시 감정적인 공감과 격려를 함께해야 한다.

예를 들어,
"이번 달 발차기 속도가 20% 빨라졌어요. 지난번에 힘들어도 포기하지 않고 반복했던 모습이 정말 인상적이었어요."

이렇게 하면 데이터는 차가운 숫자가 아니라 성장의 증거이자 동기가 된다.

핵심 메시지

- 데이터 기반 피드백은 교육의 객관성을 높이고, 수련생과 부모 모두가 성장 과정을 '보이게' 만든다. 그러나 그 데이터에 사람의 따뜻한 해석이 더해질 때, 비로소 그 피드백은 다음 도전으로 향하는 원동력이 된다.

ChatGPT를 활용한
홍보·마케팅 전략

장

블로그·SNS 콘텐츠 자동 생성

AI 시대의 콘텐츠 제작 패러다임 변화

과거에는 홍보 콘텐츠 제작을 위해 아이디어 회의, 문장 구성, 이미지 편집 등 많은 시간과 인력이 필요하다.

하지만 ChatGPT를 비롯한 AI 도구의 등장으로 기획부터 작성, 수정, 최적화까지 한 번에 처리하는 시대가 열린다.

특히 태권도장, 교육기관, 소규모 브랜드와 같이 한정된 인력으로 운영하는 곳에 있어 AI는 강력한 마케팅 도우미가 된다.

ChatGPT를 활용한 블로그 콘텐츠 자동 생성

블로그는 장기적으로 검색 노출을 높이고 브랜드 신뢰도를 쌓는 핵심 채널이다.

ChatGPT를 이용하면 다음과 같은 흐름으로 자동화가 가능하다.

· 키워드 선정

예: 운양동 태권도, 초등부 태권도 인성 교육, 성인 태권도 프로그램 ChatGPT에 'SEO 상위 노출이 가능한 키워드 제안'을 요청

· 아웃라인 생성

'제목 3개', '소제목 5개' 등을 자동 생성 후 선택

· 본문 작성

교육 철학, 프로그램 특징, 학부모 후기 등을 포함해 완성도 높은 글 자동 작성

· SEO 최적화 문구 삽입

메타 설명, 해시태그, 지역명+키워드 조합까지 자동 생성

· 마무리 교정

문장 길이, 어투, 맞춤법까지 ChatGPT가 한 번 더 점검

Tip: "이 블로그 글을 2,000자 분량으로, '운양동 태권도'라는 키워드를 5번 이상 포함해 주세요." 같은 구체적인 지시를 주면 더 최적화된 결과를 얻을 수 있습니다.

SNS 콘텐츠 자동 생성

SNS는 빠른 노출과 고객 반응 확인이 가능한 채널이다. ChatGPT를 활용하면 다음과 같은 형태로 자동화할 수 있다.

· 후킹 문구 생성

예: "오늘은 ○○○ 태권도장 버추얼 수업 현장 공개!", "운양동에서 태권도를 보내야 하는 이유"

· 짧고 강한 본문 작성

핵심 메시지를 3줄 안에 정리, 이모지 및 줄 바꿈을 활용한 가독성 강화

· 해시태그 자동 추천

#운양동태권도 #초등부태권도 #인성교육태권도 #예건YTS

· 이미지 캡션·스토리 대사 작성

사진이나 영상 분위기에 맞춘 감성 문구 자동 생성

실제 적용 예시

· 블로그 요청 예시

"운양동에 사는 초등학생 학부모를 타깃으로 인성 교육 중심 태권도장의 장점을 2,000자 블로그 글로 작성해 주세요. SEO 최적화 키워드 '운양동 태권도'를 5번 이상 포함하고, 마지막에 상담 유도 문구를 넣어 주세요."

· SNS 요청 예시

"○○○ 태권도장 버추얼 수업 영상을 인스타그램에 올릴 때 쓸 후킹 문구 3개와 본문 2줄, 해시태그 10개를 만들어 주세요."

ChatGPT 활용 시 주의할 점

- 원본성 확보: ChatGPT가 생성한 콘텐츠를 그대로 쓰지 말고, 사진·영상·실제 사례를 결합해 '나만의 콘텐츠'로 재가공해야 한다.

- 현장감 강화: 교육 사진, 수련생 후기, 지도자의 한마디 등 실제 이야기를 넣어야 신뢰도가 올라간다.

- 톤·스타일 통일: 도장의 브랜드 색깔(예: 따뜻하고 신뢰감 있는 톤)을 유지해야 한다.

기대 효과

- 콘텐츠 제작 시간 70% 이상 단축
- SEO·SNS 동시 운영 가능
- 일정한 품질과 톤을 유지하며 브랜드 신뢰도 상승

핵심 메시지

- ChatGPT는 단순히 글을 써 주는 도구가 아니라, 홍보 전략의 기획자·작가·교정자 역할을 동시에 해 줄 수 있는 '팀원'이다.
- 효율적인 지시어와 현장 자료를 결합한다면 도장은 '콘텐츠 공장'처럼 매일 새로운 홍보 자료를 생산할 수 있다.

부모 눈에 띄는 마케팅 문구 만들기

왜 부모 타깃 문구가 중요한가

태권도장 홍보에서 가장 강력한 의사결정권자는 부모다.

부모의 눈길을 사로잡는 문구 하나가 상담 요청과 등록으로 이어진다.

특히 요즘 부모들은 '검색 → 비교 → 결정' 과정을 거치므로, 첫인상 문구가 핵심이다.

ChatGPT로 마케팅 문구 만드는 방법

1) 구체적으로 지시하기
- 나쁜 예: "태권도장 홍보 문구 만들어 줘" → 추상적인 결과 나옴
- 좋은 예: 김포 운양동 학부모를 타깃으로 아이의 자신감 향상과 인성 교육을 강조하는 20자 이내 홍보 문구 10개 작성. 감성적인 톤과 신뢰감을 주는 표현 포함.

2) 문구 스타일 다양화
- 감성형: 부모 마음을 울리는 따뜻한 메시지
- 성과형: 교육 성과·변화 강조
- 안심형: 안전·신뢰·관리 시스템 부각
- 참여형: 이벤트·체험 수업 참여 유도

스타일별 예시 문구

1) 감성형

- "우리 아이, 웃음으로 자라는 곳"
- "아이의 가능성을 함께 키웁니다"

2) 성과형
- "2개월 만에 집중력과 자신감이 쑥"
- "태권도로 시작된 놀라운 변화"

3) 안심형
- "운동부터 인성까지, 믿고 맡기세요"
- "부모님이 안심하는 교육 시스템"

4) 참여형
- "이번 주 무료 체험, 선착순 마감!"
- "우리 아이의 첫 발차기를 함께"

문구 활용 팁

1) 채널별 최적화
- 블로그·포스터: 긴 문구 가능 (30자 내외)
- 인스타그램·현수막: 짧고 강렬한 문구 (15~20자)

2) 시즌·이벤트 맞춤 제작
- 새 학기, 방학, 명절, 도장 행사 시 문구 변경
- 지역명 결합
- "운양동 청수초 앞"처럼 위치·학교명을 넣으면 로컬 검색 최

적화

ChatGPT 프롬프트 예시

"김포 운양동 학부모를 타깃으로 아이의 인성 교육과 자신감 향상을 강조하는 홍보 문구 15개를 작성해 주세요. 15자~20자 사이, 감성·성과·안심·참여형이 고르게 포함되게 해 주세요."

> **핵심 메시지**
> - 부모가 마음을 열게 하는 문구는 단순히 "좋아 보인다"를 넘어, '우리 아이에게 꼭 필요하다'는 확신을 심어 준다.
> - ChatGPT를 활용하면 이런 문구를 빠르고 다양하게 만들 수 있으며, 시즌·이벤트·지역 특성에 맞게 계속 업데이트가 가능하다.

지역 최적화 홍보 전략

지역 최적화가 중요한 이유

태권도장 홍보에서 가장 강력한 무기는 지역 밀착도다.

부모들은 생활 반경 안에서 아이를 안전하게 맡길 수 있는 도장을 우선 고려한다.

따라서 홍보 문구와 콘텐츠에 지역명, 인근 학교, 주요 랜드마크를 자연스럽게 녹여 내야 한다. 이 전략은 검색 엔진 노출을 높이고, 지역 커뮤니티와의 신뢰를 쌓는 효과가 있다.

ChatGPT로 지역 최적화 콘텐츠 만드는 방법

1) 지역 키워드 활용

ChatGPT에 다음과 같이 구체적으로 지시한다.

· 김포 운양동과 청수초등학교 학부모를 타깃으로 인성 교육 중심 태권도장의 장점을 강조하는 2,000자 블로그 글 작성한다.

· 지역명과 학교명을 최소 5번 포함한다.

이렇게 하면 글 속에 지역명이 균등하게 배치되어 검색 최적화(SEO) 효과가 높아진다.

2) 지역 행사·이슈와 연계

· 새 학기, 체육대회, 학예회 등과 연결된 홍보 글 작성

· ChatGPT에 해당 행사명을 포함한 홍보 문구나 블로그 글을 요청한다.

예) "청수초 운동회 시즌, 아이 체력과 자신감을 함께 키운다"

3) 위치·접근성 강조

· 위치 안내 문구를 자연스럽게 넣어 준다.

예) "운양역에서 도보 5분, 하늘빛초 맞은편"

· ChatGPT에 위치 기반 홍보 문구를 요청하면, 같은 정보라도 다양한 표현을 제안받을 수 있다.

지역 최적화 홍보 문구 예시

1) 블로그·포스터용

· "운양동 청수초 앞, 인성 교육이 다른 태권도장이다."

- "하늘빛초 학부모가 선택한 이유가 있다."
- "운양역 5분 거리, 우리 아이 성장의 시작이다."

2) SNS·현수막용
- "운양동 대표 인성 교육 태권도장"
- "하늘빛초 맞은편, 아이의 자신감을 키운다"
- "청수초 학부모 추천 1위 도장"

ChatGPT 프롬프트 예시

김포 운양동, 청수초, 하늘빛초 학부모를 타깃으로 태권도장 홍보 문구 15개를 작성한다.
15자~20자 사이, 지역명과 교육 키워드를 포함한다.

> **핵심 메시지**
> - 지역 최적화 홍보 전략은 단순히 '어디 있는 도장인지' 알리는 수준을 넘어 지역 사회 안에서 신뢰를 쌓고, 검색과 입소문에서 동시에 효과를 내는 방법이다.
> - ChatGPT를 활용하면 지역명·학교명·행사명을 자연스럽게 녹인 콘텐츠를 빠르게 생산할 수 있으며, 이를 통해 도장의 브랜드를 지역 대표 교육기관으로 자리매김할 수 있다.

AI 기반 상담 자료 및 커뮤니케이션 자동화

상담 전 자료 자동 준비

AI를 활용하면 상담 전 필요한 자료를 자동으로 준비할 수 있다.
과거에는 상담 전 수련생의 출석 기록, 성취도, 수업 참여 태도, 부모 상담 기록을 직접 찾아야 했지만, 이제는 AI가 데이터베이스에서 자동으로 추출하고 요약해 준다.
예를 들어, 상담 예약이 잡히면 AI가 다음과 같은 정보를 한 페이지 리포트로 자동 생성한다.

· 최근 3개월 출석 현황
· 월말평가 및 승급 심사 결과
· 수업 참여 태도 및 특이 사항
· 이전 상담 시 부모가 요청했던 내용

이렇게 사전 준비가 완료되면 상담자는 핵심 사항에 집중할 수 있으며, 상담 품질이 높아진다.

ChatGPT 활용 예시

다음 수련생의 최근 3개월 출석, 심사, 수업 태도, 부모 요청 사항을 요약하여 상담용 리포트를 작성한다.

도장 운영에서 반복적으로 받는 질문이 있다. 예를 들어, "심사비는 얼마인가요?", "수업 시간표는 어떻게 되나요?", "휴관일은 언제인가요?" 같은 질문이다.

AI 챗봇을 활용하면 이 질문들에 24시간 자동 응답이 가능하다. 이는 직원의 업무 부담을 줄이고, 부모의 만족도를 높인다.

AI는 단순 답변만 하는 것이 아니라 필요한 경우, 링크, 이미지, 파일을 함께 전송해 정보를 명확히 전달한다. 예를 들어, 수업 시간표를 문의하면 PDF 파일과 함께 응답한다.

ChatGPT 활용 예시

태권도장 운영 관련 자주 묻는 질문 20개와 답변을 작성하고, 모든 답변은 부모가 이해하기 쉽게 정리한다.

상담이 끝난 뒤, 부모와의 대화 내용을 정리해 피드백을 자동 발송하면 신뢰와 만족도가 높아진다.

피드백에는 상담 시 논의한 핵심 내용, 개선 방향, 도장이 약속한 실행 계획을 포함한다.

또한, 다음 상담 일정이나 추천 프로그램을 함께 안내하면 재방문 가능성이 커진다.

예를 들어,

- "오늘 상담에서는 ○○ 군의 집중력 향상 방법과 가정에서의 훈련 팁을 공유했다."
- "2주 후 승급 심사 준비 상황을 점검하겠다."

이렇게 구체적이고 맞춤형인 피드백은 부모가 도장 교육을 신뢰하게 만든다.

ChatGPT 활용 예시

다음 상담 메모를 바탕으로 부모님께 발송할 피드백 메시지를 작성한다.

톤은 따뜻하고 신뢰감 있게 한다.

핵심 메시지

- AI 기반 상담 자료 및 커뮤니케이션 자동화는 상담 전 준비 시간을 줄이고, 반복 질문 응대를 효율화하며, 상담 후 피드백까지 자동화하는 완결형 상담 시스템을 구축하게 한다.
- 이 시스템은 상담의 전문성과 일관성을 높이고, 부모와의 신뢰 관계를 강화한다.

상담 전·중·후 ChatGPT 프롬프트 15선

1) 상담 전(자료 준비)
· 다음 수련생의 최근 3개월 출석, 승급 심사 결과, 수업 태도, 부모 요청 사항을 요약해 상담 리포트를 작성한다.
· 수련생의 장점과 보완할 점을 각각 3개씩 정리한 상담 자료를 작성한다.
· 이전 상담에서 논의된 사항과 그 이후의 변화 상황을 비교 분석한 리포트를 작성한다.
· 부모가 관심 있어 할 만한 프로그램 3가지를 추천하고 이유를 제시한다.
· 상담 전 보여 줄 수 있는 아이의 최근 수업 장면을 소개하는 문구를 작성한다.

2) 상담 중(대화 지원)
· 부모가 "아이의 집중력이 부족하다"고 말했을 때 활용할 수 있는 공감+해결 방안 멘트를 작성한다.
· 상담 중 아이의 장점을 먼저 언급하고 개선 방향을 제안하는 3단계 대화 스크립트를 작성한다.
· 부모의 질문에 따라 도장 프로그램을 맞춤 설명하는 멘트 5개를 작성한다.
· 아이의 성향에 맞는 가정 훈련 팁 5가지를 제시한다.
· 부모가 등록을 망설일 때 설득할 수 있는 짧고 강한 한마디 5개를 작성한다.

3) 상담 후(피드백·팔로업)

・상담 내용을 요약하고, 도장이 실행할 계획과 다음 상담 일정을 포함한 피드백 메시지를 작성한다.

・오늘 상담에서 제안한 가정 훈련 방법과 체크리스트를 작성한다.

・상담 후 부모가 읽을 수 있는 아이 성장 관련 짧은 칼럼을 작성한다.

・다음 심사나 프로그램 참여를 유도하는 후속 메시지를 작성한다.

・상담 피드백 메시지에 감사 인사와 교육 철학을 간단히 담은 문구를 작성한다.

반복 질문 자동 응답의 필요성

태권도장을 운영하다 보면 하루에도 여러 번 같은 질문을 받는다.

예를 들어,
・"심사비는 얼마인가요?"
・"이번 달 휴관일은 언제인가요?"
・"수업 시간표는 어떻게 되나요?"

이와 같은 반복 질문은 지도자나 직원의 시간을 많이 소모하게 한다.

AI 자동 응답 시스템을 도입하면, 이러한 질문을 24시간 정확하고 일관성 있게 처리할 수 있다.

이는 상담 대응 속도를 높이고, 직원이 본연의 교육 업무에 더 집중하게 한다.

AI 자동 응답 시스템의 작동 방식

AI 자동 응답은 자주 묻는 질문(FAQ) 데이터베이스를 기반으로 작동한다.

먼저, 도장의 모든 주요 질문과 답변을 정리해 AI에 학습시킨다.

이후 카카오톡 채널, 홈페이지 채팅창, 문자 응답 시스템 등에 연결해 운영한다.

부모가 질문을 입력하면 AI가 데이터베이스에서 가장 적합한 답변을 찾아 바로 전달한다.

예시 작동 과정:

- 학부모: "이번 달 심사일이 언제인가요?"
- AI: "이번 달 심사일은 25일(토) 오후 2시입니다. 자세한 안내는 아래 링크를 확인해 주세요."

반복 질문 자동 응답의 장점

- 24시간 응대 가능: 부모가 언제든지 궁금한 점을 해결할 수 있다.
- 일관성 유지: 모든 답변이 동일한 기준과 내용으로 제공된다.
- 업무 효율 향상: 지도자와 직원의 반복 설명 시간을 줄인다.

· 정보 전달 정확성: 실수나 누락 없이 최신 정보를 전달한다.

ChatGPT 활용 예시 프롬프트

태권도장 운영에서 자주 묻는 질문 20개와 답변을 작성한다.

모든 답변은 부모가 이해하기 쉽게 정리하고, 필요한 경우 관련 링크나 이미지 안내 문구를 포함한다.

도입 시 유의 사항

· 정보 최신화: 심사 일정, 수업 시간표, 휴관일 등 변동 사항을 즉시 반영한다.

· 부가 정보 제공: 단순 답변뿐 아니라 관련 파일, 이미지, 링크를 함께 제공해 편의성을 높인다.

· 예외 대응 프로세스: AI가 답변하기 어려운 복잡한 질문은 담당자가 직접 응답하도록 설정한다.

> **핵심 메시지**
> - 반복 질문 자동 응답은 태권도장의 상담 효율을 높이고, 부모의 만족도를 향상시키는 핵심 도구다. 정확한 FAQ 데이터와 AI 시스템을 결합하면, 상담의 품질과 속도를 동시에 확보할 수 있다.

상담 후 피드백 자동 발송

상담 후 피드백의 중요성

상담은 그 자리에서 끝나는 것이 아니라, 이후의 관리와 소통까지 이어져야 한다.

부모는 상담 후에도 '내 아이가 잘 지도받고 있는지', '말했던 개선 계획이 실행되고 있는지'를 궁금해한다.

따라서 상담 후 피드백은 부모의 신뢰를 유지하고, 장기적인 교육 관계를 강화하는 핵심 요소다.

AI를 활용한 자동 피드백 발송 방식

AI는 상담 내용을 자동으로 기록하고 요약하여, 부모에게 맞춤형 피드백 메시지를 발송한다.

예를 들어, 상담 중 메모한 내용을 AI에 입력하면 다음과 같은 형태로 메시지가 완성된다.

- 상담 요약: 오늘 논의한 핵심 내용 3~4줄
- 실행 계획: 도장과 가정에서 해야 할 실천 항목
- 다음 일정 안내: 다음 상담 또는 심사 일자 안내

이 과정을 자동화하면 상담 직후 5분 이내에 부모에게 메시지를 보낼 수 있다.

또한 필요한 경우, 이미지, 동영상, 체크리스트 파일을 함께 첨부해 더 풍부한 정보를 전달한다.

피드백 메시지 예시

○○ 학부모님께.

안녕하십니까. 오늘 상담에서는 ○○가 집중력 향상 방법과 가정 훈련 팁을 공유합니다.

향후 2주 동안 매일 10분씩 발차기 연습을 하고, 주말에는 가족과 함께 산책을 권장합니다. 다음 상담은 8월 25일 심사 직후 진행됩니다.

ChatGPT 활용 프롬프트 예시

- 다음 상담 메모를 바탕으로 부모님께 발송할 피드백 메시지를 작성한다.
- 메시지에는 상담 요약, 실행 계획, 다음 일정 안내를 포함한다.
- 톤은 따뜻하고 신뢰감 있게 한다.

도입 시 유의 사항

- 개인화: 모든 피드백은 수련생의 이름과 특성을 반영해야 한다.
- 신속성: 상담 직후 24시간 이내 발송한다.
- 기록 보관: 발송한 피드백은 데이터베이스에 저장해 다음 상담 시 참고한다.

핵심 메시지

- 상담 후 피드백 자동 발송은 상담의 마무리를 책임지는 과정이다.
- AI를 활용하면 신속하고 일관된 메시지를 제공할 수 있으며, 이는 부모의 신뢰와 만족도를 높이고, 도장의 교육 품질을 장기적으로 강화한다.

기술과 사람의
조화로운 운영 모델

AI와 인간의 역할 구분

　AI는 반복적이고 규칙적인 업무를 빠르고 정확하게 처리하는 데 강점이 있다.
　예를 들어, 수련생 출석 관리, 심사 일정 안내, 상담 기록 정리 등은 AI가 맡으면 효율이 높아진다.
　반면, 인간 지도자는 상황 판단, 감정 교류, 즉흥적 의사 결정과 같은 정성적인 영역에서 비교할 수 없는 가치를 발휘한다.

　태권도장의 운영에서 이 역할 구분은 명확해야 한다.

　· AI의 역할: 데이터 분석, 행정 자동화, 정보 제공
　· 인간의 역할: 교육 철학 전달, 동기 부여, 관계 형성
　AI가 처리한 정보는 인간 지도자가 최종 해석하고, 수련생과 부

모의 마음을 움직이는 소통으로 이어 가야 한다. 이렇게 하면 기술은 조력자가 되고, 사람은 중심축이 된다.

기술이 발전할수록 운영 효율은 높아지지만, 과잉 사용은 부작용을 낳을 수 있다.

첫째, 인간적인 접촉 감소다.
모든 응대와 안내가 AI로 대체되면, 부모와 수련생은 도장이 차갑고 기계적인 공간으로 느낄 수 있다.

둘째, 정보 피로감이다.
필요 이상으로 알림과 데이터를 제공하면, 부모와 수련생은 오히려 중요한 메시지를 놓칠 수 있다.

셋째, 창의성 저하다.
지도자가 수업 구성이나 프로그램 기획을 AI에 지나치게 의존하면, 자신의 교육 철학과 지도 감각이 약해질 수 있다.

따라서 기술은 편의성과 품질 향상을 위해 사용하되, 인간 중심의 운영 철학을 대체해서는 안 된다.

효율과 온기의 균형

태권도장 운영에서 가장 이상적인 모델은 효율성과 온기가 공존하는 구조다.
AI는 시간을 절약하고, 데이터 기반의 정확성을 제공한다.

이 절약된 시간과 에너지를 지도자는 수련생 개별 지도, 부모 상담, 교육 콘텐츠 개발에 투자해야 한다.

예를 들어,

- AI가 상담 예약과 기본 자료 준비를 자동화한다.
- 지도자는 준비된 자료를 바탕으로 부모와 깊이 있는 대화를 나눈다.
- 수업 후, AI가 훈련 기록과 숙제를 부모에게 전달한다.
- 지도자는 주말이나 특별 프로그램에서 수련생과 함께 체험 활동을 진행한다.

이 구조를 통해 도장은 관리 효율과 교육적 온기를 동시에 유지할 수 있다.

> **핵심 메시지**
> - 기술과 사람의 조화로운 운영 모델은 AI와 인간의 역할을 명확히 구분하고, 과잉 사용의 부작용을 경계하며, 효율성과 온기의 균형을 유지하는 것이다.
> - AI는 태권도장 운영의 '엔진'이 될 수 있지만, '방향타'는 반드시 인간이 쥐어야 한다.
> - 그럴 때 도장은 기술의 힘과 인간의 감성을 동시에 담아낼 수 있는 진정한 교육 공간이 된다.

기술 과잉의 부작용

인간적 교류의 상실

기술은 편리함을 제공하지만 과도하게 의존하면 인간적인 접촉이 줄어든다.

모든 안내와 상담, 심지어 격려와 피드백까지 AI로 대체되면, 부모와 수련생은 도장이 차갑고 기계적인 공간이라고 느낀다.

태권도장은 단순히 기술을 통해 운영하는 기관이 아니라, 사람과 사람의 교감 속에서 아이가 성장하는 교육 공간이어야 한다.

정보 피로와 관심 저하

기술이 발달하면 알림과 정보 제공 빈도도 높아진다.

그러나 필요 이상으로 많은 알림은 부모와 수련생에게 정보 피로감을 준다.

결국 중요한 공지조차 주목받지 못하고 묻히는 상황이 발생한다.

정보는 많을수록 좋은 것이 아니라, 적절한 타이밍과 빈도로 제공될 때 효과를 발휘한다.

창의성과 전문성 약화

AI는 정해진 형식과 데이터 분석에는 강하지만, 교육 철학과 창의적 기획은 결국 사람의 몫이다. 지속적으로 AI에만 의존하면 지도자의 수업 구성 능력과 프로그램 개발 감각이 약해질 수 있다.

이는 장기적으로 도장의 정체성과 차별성을 잃게 만드는 위험 요소가 된다.

기술 의존에 따른 위기 대응 취약성

기술 시스템은 편리하지만, 서버 장애, 네트워크 오류, 데이터 손실 등의 문제가 발생할 수 있다. 만약 모든 운영이 기술에만 의존한다면, 돌발 상황에서 대응력이 떨어진다.

따라서 기술 사용과 함께 수동 대응 매뉴얼을 반드시 준비해야 한다.

핵심 메시지
- 기술 과잉은 효율을 높이려는 의도와 달리 인간적인 관계 단절, 정보 피로, 창의성 저하, 위기 대응력 약화라는 부작용을 초래할 수 있다.
- 태권도장 운영자는 기술이 '도움을 주는 도구'임을 명심하고, 사람 중심의 운영 철학을 잃지 않아야 한다.

효율을 위한 기술의 역할

AI와 디지털 도구는 운영의 효율을 극대화하는 힘을 가지고 있다.

출석 관리, 상담 예약, 알림 발송, 데이터 분석과 같은 행정적 업무는 기술이 맡을 때 신속하고 오류 없이 처리된다. 이 과정에서 절약된 시간은 지도자와 직원이 교육 현장과 사람에 더 집중할 수 있는 여유로 전환된다.

따라서 기술은 효율적인 운영의 기반을 마련하는 도구다.

온기를 위한 인간의 역할

아무리 기술이 발전해도 부모와 수련생이 도장에서 원하는 것은 결국 따뜻한 관계와 진심 어린 소통이다.

아이가 훈련 중 좌절했을 때 건네는 격려, 부모와 마주 앉아 나누는 진지한 상담, 지도자가 보여 주는 모범적 태도는 기술로 대체할 수 없는 부분이다.

이러한 인간적인 접촉이 도장의 온기를 만들고, 장기적인 신뢰와 유대감을 형성한다.

효율과 온기의 조화 모델

이상적인 태권도장 운영은 기술과 사람이 각자의 강점을 발휘하면서 균형을 이루는 것이다.

· AI가 하는 일: 출석 관리, 심사 준비 자료 생성, 상담 피드백 자동 발송, 홍보용 콘텐츠 초안 작성
· 사람이 하는 일: 교육 철학 전달, 수련생과 부모와의 감정 교류, 수업 현장의 즉각적 지도, 개별 맞춤 동기 부여

예를 들어, 상담에서는 AI가 사전 자료를 준비하고 요약하지만, 부모와의 대화는 지도자가 직접 진행한다.

또한 수업 후에는 AI가 훈련 내용을 기록해 부모에게 전달하지만, 아이를 칭찬하고 격려하는 것은 지도자의 몫이다.

이러한 운영 모델은 기술의 효율성과 사람의 온기를 동시에 확보하게 한다.

균형을 유지하기 위한 원칙

1. 기술은 도구, 사람은 중심: AI는 지원 역할이고, 교육의 방향과 의미는 지도자가 주도한다.

2. 데이터는 기반, 해석은 인간: 기술이 모은 데이터는 참고 자료이고, 해석과 적용은 인간의 경험과 가치관에 따른다.

3. 자동화는 효율, 소통은 진심: 반복 업무는 기술로 처리하되, 상담과 지도는 따뜻한 관계 중심으로 운영한다.

핵심 메시지

- 효율과 온기의 균형은 기술과 사람이 대립하는 개념이 아니라, 서로를 보완하는 원리다. AI는 시간을 절약하고 정확성을 보장하는 효율의 엔진이고, 지도자는 교육 철학과 감성을 전달하는 온기의 원천이다. 이 둘이 조화롭게 만날 때 태권도장은 단순한 훈련장이 아니라, 아이와 부모가 신뢰하고 오래 머무를 수 있는 교육 공동체가 된다.

운영비 절감을 위한 스마트 설비와 AI 활용

에너지 절약형 설비 도입

도장 운영에서 고정적으로 발생하는 가장 큰 비용 중 하나는 전기·가스·수도와 같은 공공요금이다.

특히 도장 특성상 냉난방, 조명, 온수 사용량이 많아 에너지 절감 전략은 반드시 필요하다.

· LED 조명 교체: 형광등이나 할로겐 전구 대신 LED 조명을 사용하면 전력 소모를 30~50%까지 줄일 수 있다.

· 스마트 센서 설치: 인체 감지 센서를 활용해 불필요한 전력 낭비를 막는다.

· 에너지 절약형 냉난방기 도입: 인버터 방식 냉난방기는 기존 설비 대비 효율이 높아 운영비를 크게 줄인다.

· 태양광 및 신재생 에너지 활용: 건물 여건이 가능하다면 태양

광 패널을 설치하여 장기적으로 전기료 절감 효과를 본다.

에너지 절약형 설비는 초기 투자 비용이 있지만, 장기적으로는 도장의 재정 안정성에 크게 기여한다.

AI는 단순한 절약 아이디어 제공을 넘어 실제 비용 흐름을 분석하고, 절감 포인트를 도출하는 역할을 한다. 매달 전기·수도·가스 요금을 AI에 입력하면, 이상 사용 패턴을 찾아내고 비교 분석을 제공한다.

예를 들어,
· 특정 월에 전기 사용량이 급증하면 "에어컨 필터 청소 여부" 같은 관리 항목을 점검하라고 알려 준다.
· 시간대별 에너지 소비 데이터를 분석하여, 피크 타임을 피한 효율적인 사용 전략을 제안한다.
· 지출 내역을 분류해, 낭비성 비용과 반드시 필요한 비용을 구분한다.

AI 기반 분석은 단순 절약을 넘어, 운영 효율화와 계획적 재정 관리로 이어진다.

운영비 절감은 단기적인 시도가 아니라, 장기적인 로드맵으로 관리해야 한다.

다음과 같은 3단계 접근이 효과적이다.

1) 단기(1년 이내)
· LED 조명 교체
· 전력·수도 사용량 모니터링 시스템 도입
· AI 기반 월별 비용 리포트 생성

2) 중기(3년 이내)
· 스마트 냉난방 및 환기 시스템 전면 교체
· 태권도장 내 에너지 절약 캠페인 운영(수련생 참여)
· 계약 조건 재검토(인터넷, 보험, 임대관리비 절감 협상)

3) 장기(5년 이상)
· 태양광 발전 및 ESS(에너지 저장 시스템) 구축
· 자가 건물 보유 전략으로 임대료 부담 절감
· AI 기반 경영 관리 시스템 고도화

핵심 메시지

- 스마트 설비와 AI를 결합하면 도장은 단순한 비용 절감을 넘어 지속 가능한 운영 모델을 구축할 수 있다. 기술이 효율을 보장하고, 지도자가 철학을 담아 운영할 때, 태권도장은 재정적으로도 안정적이고, 교육적으로도 풍요로운 공간으로 발전한다.

AI 기반 비용 분석

비용 분석의 필요성

태권도장 운영에서 가장 중요한 경영 요소 중 하나는 비용 관리다.

매달 지출되는 항목에는 임대료, 전기·수도·가스, 직원 급여, 홍보비, 소모품 비용이 포함된다.

이 비용들이 체계적으로 관리되지 않으면 수익이 안정적으로 발생하더라도 경영 압박이 커진다. 따라서, 단순히 지출을 확인하는 수준을 넘어 비용 구조를 분석하고 최적화하는 과정이 필요하다.

AI를 활용한 비용 데이터 수집과 분석

AI는 비용 항목을 자동으로 수집하고, 과거 데이터를 기반으로 분석해 준다.

예를 들어, 매달 고지되는 전기료, 가스료, 수도료를 AI에 입력하면 다음과 같은 분석이 가능하다.

· 비정상적 사용 탐지: 특정 달에 전력 사용량이 급증하면, 설비 문제나 관리 소홀을 확인하라고 알려 준다.
· 비용 추세 분석: 최근 6개월간의 사용량과 비용 증감률을 그래프로 보여 주어 절감 가능성을 쉽게 파악하게 한다.
· 시간대별 효율 비교: 하루 중 언제 에너지 사용이 집중되는지 파악하여 불필요한 낭비를 줄일 수 있다.
· 비용 항목별 비율: 인건비, 시설 관리비, 홍보비가 전체 비용에

서 차지하는 비율을 보여 주어 불필요한 지출을 줄일 수 있다.

예측과 시뮬레이션 기능

AI는 단순히 과거 데이터를 분석하는 것을 넘어 미래를 예측하는 기능을 제공한다.

예를 들어, 여름철 냉방비 상승을 AI가 미리 예측하여 7~8월의 예상 지출액을 알려 준다.

또한 특정 설비 교체나 프로그램 변경 시 예상 절감 효과를 시뮬레이션할 수 있다.

- LED 조명으로 교체 시 연간 절감액 예측
- 태양광 발전 설치 시 5년 뒤 누적 절감 효과 시뮬레이션
- 직원 수 변화에 따른 인건비 변동 시나리오 제공

이러한 분석은 단기 절약뿐 아니라, 장기적인 재정 안정성을 계획하는 데 큰 도움이 된다.

의사 결정 지원 도구로서의 AI

AI 기반 비용 분석은 지도자에게 '지출을 줄이자'는 단순 메시지를 주는 것이 아니다.

대신 어떤 지출이 꼭 필요한 투자고, 어떤 부분이 낭비인지를 구체적으로 보여 준다.

예를 들어, 홍보비는 단기적으로 지출이 크더라도 신규 등록으로 이어지면 투자 가치가 있다. 반면, 불필요하게 낭비되는 전기료

나 중복된 소모품 구입은 즉시 절감 대상이다.

> **핵심 메시지**
> - AI 기반 비용 분석은 단순히 장부를 정리하는 수준을 넘어 비정상 사용 탐지, 비용 추세와 비율 분석, 미래 지출 예측과 절감 시뮬레이션, 합리적 의사 결정 지원이라는 기능을 통해 도장의 재정 운영을 한 단계 끌어올린다.
> - 이는 지도자가 교육과 운영에 더 집중할 수 있는 환경을 마련해 준다.

장기 운영비 절감 로드맵

단기 전략(1년 이내)

운영비 절감은 당장 눈에 보이는 작은 변화에서 시작한다.

우선 조명은 모든 공간을 LED로 교체하고, 출석 관리·알림 발송·비용 기록은 AI 시스템을 활용해 자동화한다. 또한 매달 전기, 수도, 가스 요금을 기록해 추세를 파악하고, 불필요한 사용을 찾아내는 것이 중요하다.

이 단계에서 목표는 지출 구조를 투명하게 만들고 낭비 요소를 최소화하는 것이다.

중기 전략(3년 이내)

중기에는 도장 운영의 핵심 설비를 스마트 시스템으로 교체한다. 예를 들어, 인버터 방식의 냉난방기와 자동 환기 시스템은 에너지 효율을 높이고 관리 편의성을 제공한다. 또한 수련생과 학부모를 대상으로 에너지 절약 캠페인을 실시하면, 교육적 효과와 운영 효율을 동시에 얻을 수 있다.

더불어 보험료, 인터넷, 각종 서비스 계약을 재검토해 불필요한 비용을 줄이는 것도 중기 전략의 중요한 축이다.

장기 전략(5년 이상)

장기적으로는 자가 건물 보유와 같은 구조적 절감 전략이 필요하다.

임대료는 시간이 지날수록 상승하지만, 자가 건물을 보유하면 매달 고정 비용이 크게 줄어든다. 여건이 된다면 태양광 발전 설비와 에너지 저장 장치(ESS)를 도입하여 안정적인 전력 공급 체계를 갖추는 것도 장기적 비용 절감에 효과적이다.

마지막으로, AI 기반 경영 시스템을 고도화하여 비용 분석, 인건비 최적화, 수강생 유지율 관리까지 통합적으로 운영한다.

이 단계에서는 단순한 절감이 아니라 재정의 안정성과 지속 가능한 경영 구조를 확립하는 것이 핵심이다.

핵심 메시지

- 운영비 절감은 단기·중기·장기로 나누어 접근해야 한다.
- 단기에는 불필요한 낭비를 줄이고, 중기에는 설비와 계약을 재정비하며, 장기에는 건물 보유와 신재생 에너지 활용 같은 근본적 절감 구조를 구축한다.
- AI와 스마트 설비는 이 로드맵 전반에서 효율을 높이고, 경영자의 전략적 결정을 뒷받침하는 중요한 도구다.

5부

지속 가능한 태권도장 만들기

장기적 입지 선정과
자가 건물 전략

장

입지 분석 방법

입지 선정의 핵심 관점

태권도장의 성공 여부는 입지에서 절반 이상 결정된다고 해도 과언이 아니다.

도장은 단순히 건물 하나를 세우는 것이 아니라, 아이들이 매일 찾아와 배우고, 부모가 믿고 맡기는 교육 공간이기 때문이다.

따라서 입지 분석은 "얼마나 많은 사람이 오가는가"라는 단순한 질문을 넘어서 누가 오고, 무엇을 기대하며, 어떤 환경에서 성장할 수 있는가를 함께 살펴야 한다.

인구 구조와 수요 조사

· 주거 인구와 연령대: 아파트 단지와 신도시 개발 지역은 어린이, 청소년 인구가 많아 도장 성장 가능성이 높다.

• 학교와의 거리: 초·중학교와 도장의 거리가 가까울수록, 방과 후 이동이 편리해 학부모의 만족도가 높아진다.
• 학부모 교육 수요: 단순한 운동이 아닌 인성 교육, 집중력 강화, 리더십 함양에 대한 학부모의 요구가 있는 지역이 유리하다.

경쟁 환경 분석

• 경쟁 도장 분포: 반경 1km 이내 도장의 수와 특징을 조사한다.
• 차별화 포인트 확인: 경쟁 도장이 단순 기술 위주라면, 본 도장은 인성 교육과 리더십 교육으로 차별화할 수 있다.
• 학원가 밀집 여부: 영어·수학 학원과 같은 사교육 시설 근처도 부모의 이동 동선과 맞물려 유리할 수 있다.

접근성과 편의성

• 교통 접근성: 버스 정류장, 지하철역, 주요 도로 진입로와의 거리는 부모의 선택에 직접적 영향을 준다.
• 주차 공간: 도장 주변 주차 공간 확보 여부는 등록 유지에 큰 영향을 준다.
• 생활 편의 시설: 대형 마트, 카페, 공원과 같은 시설이 인근에 있으면 부모가 아이를 맡기고 시간을 보내기에 유리하다.

지역 사회와의 연계 가능성

도장은 단순히 교육 공간을 넘어 지역 사회와 함께 성장하는 거점이 되어야 한다.

따라서 지역 축제, 학교 행사, 체육대회 등과 연계할 수 있는 가능성이 큰 곳이 이상적이다. 이는 도장이 단순한 학원이 아니라, 지역 공동체의 일원으로 자리매김하게 한다.

> **핵심 메시지**
> - 입지 분석은 인구 구조, 경쟁 환경, 접근성, 편의성, 지역 연계성을 종합적으로 고려해야 한다. 이 과정을 단순한 숫자 계산이 아니라, "우리 철학을 이 지역에서 어떻게 꽃피울 수 있을까?"라는 질문과 함께 진행해야 한다. 그럴 때 도장은 단순한 훈련장이 아니라, 지역 사회 속에서 지속 가능한 교육의 터전이 된다.

임대와 자가의 장단점

임대의 장점과 한계

임대 도장은 많은 지도자가 첫 발걸음을 내딛는 방식이다. 초기 자본이 적게 들어가고, 변화하는 지역 상권에 발 빠르게 대응할 수 있다는 것이 가장 큰 장점이다. 신도시가 개발되는 과정에서 인구 이동이 잦은 경우, 임대 도장은 새로운 수요가 발생하는 곳으로 빠르게 이동할 수 있다.

그러나 임대에는 분명한 한계가 있다. 매달 지출되는 임대료는 시간이 지날수록 도장의 부담으로 쌓인다. 임대차 계약 만료나 월세 인상은 경영 안정성을 크게 흔들 수 있다. 또한 건물 구조를 도장의 철학에 맞게 자유롭게 리모델링하거나 확장하기 어렵다. 결국 임대는 '빠른 시작'에는 유리하지만 '장기적 안정성'에는 불리한 구조다.

자가의 장점과 부담

자가 건물 도장은 안정성과 자산 축적이라는 두 가지 장점을 동시에 얻는다. 월세 부담이 사라지면서 운영비 구조가 단단해지고, 매달 절약된 금액을 프로그램 개발, 지도자 교육, 시설 개선에 재투자할 수 있다. 또한 건물은 시간이 지남에 따라 자산 가치가 오를 수 있어 경영뿐만 아니라 가정의 재정에도 긍정적인 영향을 준다. 무엇보다 도장을 철학에 맞게 자유롭게 설계할 수 있다는 점은 임대와 비교할 수 없는 강점이다.

하지만 자가에도 단점이 있다. 초기 투자 비용이 크기 때문에 자금 계획을 치밀하게 세워야 한다. 또한 입지를 잘못 선택하면 그 피해는 장기간 이어진다. 건물을 보유한 만큼 유연성이 떨어지고, 빠른 상권 변화에 민감하게 대응하기 어렵다. 따라서 자가 전략은 충분히 안정된 회원 기반과 재정 구조를 갖춘 후 실행해야 한다.

임대와 자가의 균형적 활용

현실적으로 도장 운영은 임대와 자가를 단계적으로 활용하는 것이 바람직하다.

- 초기 단계: 임대로 시작해 상권 특성과 학부모 수요를 파악한다.
- 성장 단계: 일정 규모 이상의 회원과 운영 안정성이 확보되면, 자가 건물 매입을 준비한다.

· 성숙 단계: 자가 건물을 기반으로 도장의 철학을 반영한 공간을 설계하고, 지역 사회 속 교육 거점으로 자리매김한다.

> **핵심 메시지**
> 임대는 초기 부담이 적고 유연성이 크지만, 장기적 안정성에서는 불리하다. 자가는 재정 안정성과 자산 형성에 유리하지만, 초기 투자 부담과 입지 실패의 위험이 있다. 따라서 도장 운영자는 단계별 전략을 세워 임대와 자가의 장단점을 균형 있게 활용해야 한다.

부동산 가치와 경영 안정성

태권도장 경영의 불안 요소: 임대의 한계

많은 태권도장이 임대 건물에서 출발한다. 초기 자본 부담을 줄이고 비교적 손쉽게 시작할 수 있다는 장점이 있지만, 임대 기반의 경영에는 본질적인 불안정성이 존재한다.

· 임대료 상승: 상권이 발달하거나 건물주 사정에 따라 매년 인상되는 임대료는 도장의 재무 구조를 압박한다.
· 계약 불안정성: 계약 갱신이 보장되지 않아 몇 년의 노력 끝에 만든 브랜드 가치가 하루아침에 무너질 수 있다.
· 시설 투자 제한: 장기적 보장을 받지 못한 공간에서는 대규모 시설 투자나 인테리어 개선에 주저하게 된다. 이는 곧 교육 품질

저하와 브랜드 성장의 한계를 불러온다.

즉, 임대 기반 도장은 '언제든 흔들릴 수 있는 토대 위의 집'과 같다.

자가 건물 보유의 전략적 가치

반대로 자가 건물을 보유한 도장은 안정적인 운영 기반을 갖춘다.

· 경영 안정성 확보: 임대료 부담이 사라지고, 건물주의 변덕에 좌우되지 않는다. 이는 지도자와 학부모 모두에게 안정적 신뢰를 제공한다.
· 장기적 비용 절감: 매월 빠져나가던 임대료가 사라지는 대신, 건물 투자금은 시간이 지날수록 '자산'으로 전환된다.
· 교육 인프라 확장: 공간 리모델링, 체험 학습장 조성, 카페·도서관 같은 부가 시설을 자유롭게 운영할 수 있어 도장 철학을 공간 전체로 확장할 수 있다.
· 브랜드 가치 상승: '자가 건물 도장'은 지역 사회에서 신뢰도와 위상을 높이며, 학부모들에게도 안정적 교육 기관으로 인식된다.

부동산 가치와 도장의 자산화

부동산은 시간이 지날수록 가치가 상승하는 경향이 있다. 특히 교육 수요가 높은 신도시나 역세권, 학원가 중심지의 부동산은 장기적으로 안정적인 자산이 된다. 이는 단순히 도장을 운영하는 공간이 아니라, 후대에 물려줄 경영 자산이자 가족 자산으로 기능한다.

・교육+자산의 이중 가치: 도장은 단순한 학원 사업이 아니라, 교육 철학을 담은 건물이자 부동산 자산으로서 미래 세대에게 전달된다.
・위기 대응 자산: 경기 침체나 일시적 수련생 감소가 발생해도 건물 자체의 가치가 버팀목이 된다. 필요시 일부 공간을 임대해 수익을 보완할 수도 있다.

경영 안정성과 세대 계승

자가 건물 기반 도장은 단순한 '안정된 월세 절감'을 넘어, 세대 계승의 기반이 된다. 태권도장은 지도자의 철학과 브랜드를 담는 공간이며, 동시에 후대에게 물려줄 수 있는 안정적 자산이 된다. 만약 아들이나 제자가 경영을 이어받을 경우 건물과 브랜드가 함께 이전되며, 이는 곧 '철학 있는 건물'로 기능한다.

이는 단순히 건물만이 아니라 경영 철학+교육 공간+자산 가치가 결합된 지속 가능한 경영 모델이 된다.

핵심 메시지

- 도장의 미래는 '흔들리지 않는 기반' 위에 세워야 한다.
- 지속 가능한 태권도장은 강한 철학과 체계적인 교육 프로그램만으로는 충분하지 않다. 이를 담아낼 안정적 공간과 자산이 함께해야 한다. 임대의 불안정성을 벗어나 자가 건물 기반 경영을 구축하는 것은 지도자와 수련생, 학부모 모두에게 신뢰를 주는 토대며, 후대에까지 이어질 도장 경영의 필수 전략이다.

명품 브랜드처럼
브랜딩하는 태권도장

장

브랜드 철학 확립

태권도장의 진정한 경쟁력은 '무엇을 가르치는가' 이전에 '왜 가르치는가'에서 시작된다. 명품 브랜드가 단순히 제품을 판매하는 것이 아니라 그 안에 철학과 가치를 담아내듯, 태권도장 또한 교육 철학을 선명하게 세워야 한다.

철학은 도장의 존재 이유다.
상담을 통해 부모와 수련생에게 도장의 철학을 전달하고, 단순한 운동이 아닌 교육적 가치를 심어 주는 것이 첫 단계다.

모든 프로그램은 철학을 중심으로 기획된다.
인성 교육, 실전 태권도, 연령 맞춤 수업 모두가 하나의 철학을 관통할 때, 학부모와 수련생은 도장을 단순히 '운동 공간'이 아닌

'교육 브랜드'로 인식하게 된다.

브랜드는 사람의 마음속에 자리 잡는 교육 신념이다.
따라서 상담 중심 시스템은 단순한 등록 절차가 아니라, 부모와 아이에게 '왜 이 도장을 선택해야 하는지' 납득시켜 주는 핵심 브랜딩 과정이 된다.
명품은 결코 대중을 모두 만족시키려 하지 않는다. 필요한 사람에게, 가치가 통하는 사람에게 집중한다. 태권도장 역시 '누구나 다니는 곳'이 아니라 '정말 필요로 하는 사람만 다니는 곳'으로 자리매김해야 한다.

· 공간과 서비스의 프리미엄화
청결하고 체계적인 시설, 부모가 신뢰할 수 있는 상담실, 세련된 도장 내 환경은 브랜드 가치를 눈으로 확인시키는 요소다.

· 프로그램의 차별화
14급 체계의 세분화된 커리큘럼, 결석 없는 제자에게만 주어지는 정기 심사, 2차 기회를 통해 성장할 수 있는 시스템 등은 부모가 '이 도장은 특별하다'고 느끼게 만든다.

· 가격이 아닌 가치로 선택되게 하라
명품은 할인하지 않는다. 태권도장도 '가격 경쟁'이 아닌 '교육 철학과 성취 경험'으로 승부해야 한다. 상담 과정에서 아이가 어떤 변화를 경험할지, 부모가 어떤 안심을 얻을지 구체적으로 보여 줄 때, 프리미엄 이미지는 확립된다.

· 브랜드 신뢰의 지속적 관리

신규 회원 모집에만 몰두하지 않고, 기존 회원 관리에 집중한다. 오래 다닌 제자의 성취 스토리는 도장의 가장 강력한 홍보 수단이 되며, 결국 줄 서는 도장의 원동력이 된다.

> **핵심 메시지**
> - 이 장에서 강조하는 핵심은 "태권도장은 명품 브랜드처럼 교육 철학으로 선택받아야 한다"는 것이다. 단순한 등록 경쟁이 아닌, 철학 → 프리미엄 이미지 → 성취의 경험을 통해 부모와 아이의 마음속에 자리 잡을 때, 자연스럽게 줄 서는 도장이 된다.

프리미엄 이미지 구축법

현대 사회에서 브랜드는 단순한 이름이나 로고를 넘어 철학과 가치 그리고 사람들의 인식 그 자체를 의미한다. 명품 브랜드가 오랜 시간 신뢰와 상징성을 구축해 온 것처럼, 태권도장 역시 '프리미엄 이미지'를 확립할 수 있다. 이것은 더 이상 선택이 아니라, 치열한 경쟁 속에서 반드시 갖추어야 할 생존 전략이자 성장 전략이다.

프리미엄 브랜드의 본질

명품 브랜드는 흔히 고가의 제품으로만 인식되지만, 실제 본질은 희소성과 신뢰 그리고 철학의 일관성에 있다. 소비자는 단순히 제품이 아니라 그 안에 담긴 이야기, 역사, 가치관을 소비한다. 태권도장 역시 단순히 운동을 가르치는 곳이 아니라, 철학을 공유하고 삶의 태도를 변화시키는 공간이 될 때 '명품 이미지'로 자리매김할 수 있다.

철학과 스토리텔링

프리미엄 이미지를 구축하려면 먼저 도장의 철학을 명확히 정립해야 한다. 지도자의 교육 철학, 수련생에게 전하고 싶은 가치, 지역 사회에서의 역할이 분명할수록 브랜드의 무게감은 커진다. 이를 부모 상담, 홍보물, 온라인 콘텐츠에 일관되게 녹여 내면 도장은 하나의 스토리를 가진 브랜드로 기억된다.

예: '〈예건YTS〉 태권도는 단순한 운동장이 아니라, 아이의 인성과 리더십을 키워 주는 교육의 공간'

차별화된 경험 설계

명품 브랜드는 고객에게 단순한 '소유'가 아닌 특별한 '경험'을 제공한다. 태권도장도 마찬가지로 수련생과 학부모에게 다른 곳에서는 경험할 수 없는 가치를 제공해야 한다.

- 수련생: 기술 습득 이상의 성취감과 자존감
- 학부모: 상담을 통한 교육 철학 공유, 성장 과정을 확인할 수 있

는 시스템
- 지역 사회: 신뢰받는 교육기관으로서의 긍정적 이미지

특히, '누구나 다닐 수 있는 곳'이 아니라 '필요한 사람이 선택해서 다니는 곳'이라는 인식은 곧 프리미엄 이미지를 강화한다.

디테일이 만드는 프리미엄

명품의 가치는 디테일에서 드러난다. 도장의 시설, 유니폼, 홍보물, 심지어 지도자의 언행까지 모두 브랜드 이미지를 형성하는 요소다. 작은 부분까지 철저히 관리하는 태도는 곧 학부모에게 신뢰로 전달된다.

- 청결한 환경과 세련된 인테리어
- 통일된 디자인의 유니폼과 교재
- 정돈된 언어와 매너

이러한 디테일은 도장의 수준을 한층 높여 주며, 부모가 아이를 안심하고 맡길 수 있는 이유가 된다.

희소성과 차별화 전략

명품 브랜드가 대량 생산 대신 한정판과 희소성으로 가치를 높이듯, 태권도장도 차별화된 프로그램과 운영 방식으로 '프리미엄' 이미지를 강화할 수 있다.

- 일반 도장에서는 제공하지 않는 특별 프로그램(리더십 캠프, 인성 교육 특강 등)
- 성취도를 세분화한 승급 제도
- 상담 중심의 등록 시스템

이는 단순히 '수련생 모집'이 아니라, '브랜드 가치를 인정하는 사람들만이 선택할 수 있는 도장'이라는 메시지를 전달한다.

신뢰를 기반으로 한 장기적 관계

프리미엄 이미지는 단기간에 만들어지지 않는다. 꾸준한 신뢰 쌓기와 일관된 교육 경험이 시간이 지남에 따라 하나의 브랜드 이미지를 완성한다. 등록 상담에서부터 수업 운영, 승급 심사, 졸업 이후까지 이어지는 장기적 관계 속에서 도장은 학부모와 수련생의 마음속에 '명품 브랜드'로 자리 잡게 된다.

> **핵심 메시지**
> - 태권도장의 성공은 단순한 마케팅이나 화려한 홍보에서 오지 않는다. 철학을 가진 지도자의 신념, 디테일을 관리하는 운영 시스템 그리고 수련생과 부모가 경험하는 특별한 가치가 쌓여 '명품 같은 도장'으로 성장한다. AI 시대에도 변하지 않는 사실은, 결국 사람의 마음을 움직이는 브랜드만이 살아남는다는 것이다.

'줄 서는 도장' 만들기

'줄 서는 도장'의 의미

줄 서는 도장이란 단순히 수련생이 많다는 것을 의미하지 않는다. 그것은 신뢰와 기대, 그리고 만족이 끊임없이 이어지는 도장을 말한다. 명품 레스토랑 앞에 사람들이 줄을 서듯, 태권도장도 학부모와 아이들이 '꼭 다니고 싶다'는 마음으로 기다리는 공간이 될 수 있다. 이때 핵심은 단기적 모집이 아닌, 장기적 브랜드 신뢰다.

교육 철학의 일관성

줄을 서는 도장은 화려한 이벤트나 일시적 마케팅이 아니라, 일관된 철학과 교육의 힘에서 시작된다.
- 아이들은 성취와 변화를 경험한다.
- 부모는 도장의 철학과 교육 방향을 신뢰한다.
- 지도자는 철저히 '교육자'로서의 정체성을 지킨다.

이 세 가지가 조화를 이룰 때, 학부모는 "우리 아이가 이 도장에서 반드시 배워야 한다"고 확신하게 된다.

상담 중심 시스템

많은 도장은 체험 수업을 통해 등록을 유도하지만, 줄 서는 도장은 상담을 통해 방향성을 공유한다. 상담은 단순한 안내가 아니라 부모와 도장이 서로의 교육 철학을 맞추는 과정이다. 이 과정을 통해 '아무나 다닐 수 있는 도장이 아니라 우리 아이에게 꼭 맞는 도장'이라는 인식이 형성된다.

작은 성취가 만드는 큰 기다림

줄 서는 도장의 비밀은 작은 성취 경험의 축적에 있다.

· 월간 평가와 정기 심사
· 결석 없는 제자에게 주어지는 특별 보상
· 두 번째 기회를 제공하는 2차 심사 제도

이러한 세밀한 제도는 아이에게 자신감과 성취감을, 부모에게는 공정하고 체계적인 교육 신뢰감을 준다. 아이가 한 단계씩 성장하는 모습을 지켜본 부모는 '이 도장은 다르다'고 느끼며, 다른 학부모에게 자연스럽게 추천하게 된다.

'희소성'과 '차별화'의 전략

줄 서는 도장은 무조건 많은 사람을 받지 않는다. 오히려 선택받은 소수에게 집중하는 모습이 오히려 더 강력한 프리미엄 이미지를 만든다.

· 정원 제한 제도: 인원을 무한정 받지 않고, 일정 수 이상이 되면 대기 명단을 운영
· 특화 프로그램: 인성 캠프, 리더십 특강, 실전 태권도와 같이 다른 도장과 차별화되는 콘텐츠 제공
· 지역 사회 공헌: 도장의 가치가 아이 개인을 넘어 지역 사회 전체로 확장됨

이러한 전략은 부모에게 '이 도장은 꼭 들어가야 할 가치가 있는 곳'이라는 심리적 압박과 동시에 브랜드 희소성을 심어 준다.

구전(口傳) 마케팅의 힘

줄 서는 도장을 만드는 가장 강력한 힘은 광고가 아니라 부모의 입소문이다. 한 명의 부모가 경험한 신뢰와 감동은 또 다른 부모에게 전달된다. 이 과정에서 도장은 자연스럽게 '지역에서 가장 가고 싶은 도장'으로 자리매김하게 된다.

> **핵심 메시지**
>
> - 줄 서는 도장은 하루아침에 만들어지지 않는다. 철학의 일관성, 상담 중심 운영, 작은 성취의 축적 그리고 희소성과 차별화 전략이 어우러질 때 비로소 가능하다. 결국 부모와 아이가 경험한 만족과 신뢰가 또 다른 기다림을 만들고, 그 기다림이 도장의 프리미엄 가치를 완성한다.

미래 교육과
글로벌 태권도 네트워크

해외 교류·연수 프로그램

미래의 태권도 교육은 국경을 초월한 교류 속에서 더욱 풍성해진다. 이제 도장은 단순히 지역적 한계를 가진 공간이 아니라, 전 세계 수련생들이 함께 연결되는 교육의 플랫폼이 되어야 한다. 해외 교류 프로그램을 통해 수련생들은 낯선 환경에서 자신감을 키우고, 다양한 문화와 사람들을 만나며 글로벌 리더로 성장할 수 있다.

특히 해외 연수 프로그램은 단순한 태권도 기술 습득을 넘어, 세계 속에서 한국 태권도의 가치를 직접 경험하게 한다. 한국 도장에서 배운 기본기를 바탕으로 해외 도장에서의 실전 경험을 더하면 수련생들은 자신만의 확고한 정체성을 가지게 된다. 지도자 또한 해외 연수를 통해 교육법과 지도 방식을 교류하며, 새로운 교육 콘텐츠를 도입할 수 있다. 이는 단순한 여행이 아니라 교육 철학을 확장하는 과정이다.

글로벌 마케팅 채널

글로벌 시대에 태권도장이 성장하기 위해서는 국제적인 홍보와 마케팅 전략이 필수적이다. 유튜브, 인스타그램, 틱톡과 같은 글로벌 SNS 채널은 태권도의 매력을 세계에 알릴 수 있는 최적의 도구다. 온라인 콘텐츠를 통해 태권도의 기술뿐만 아니라 인성 교육, 철학 그리고 도장 문화까지 전 세계 사람들에게 전할 수 있다.

또한 글로벌 마케팅은 단순히 신규 회원 모집의 수단을 넘어 태권도의 가치를 세계적 차원에서 브랜드화하는 과정이다. 한국 태권도의 본질을 기반으로 각 나라의 문화적 특성을 반영한 콘텐츠를 제작한다면 더욱 폭넓은 공감과 신뢰를 얻을 수 있다. 예를 들어, 영어·스페인어 자막이 포함된 훈련 영상, 해외 수련생 인터뷰, 온라인 세미나는 글로벌 마케팅 채널의 핵심 자산이 될 수 있다.

세계 속 태권도장의 역할

태권도장은 단순한 무도 교육장이 아니다. 이제는 세계 속에서 인류 공동체를 연결하는 작은 대사관과도 같다. 각 도장은 태권도의 철학인 예(禮), 의(義), 인(仁), 용(勇)을 지역 사회뿐만 아니라 전 세계적으로 확산시키는 책임을 가진다.

세계 속 태권도장은 다음과 같은 역할을 수행해야 한다.
- 문화 교류의 장: 태권도를 통해 언어와 문화를 넘어서는 소통의 장을 마련한다.
- 평화의 사절: 국적과 인종을 초월한 태권도의 평화 정신을 전달한다.

- 교육 혁신의 선도자: AI와 온라인 플랫폼을 활용하여 글로벌 수련생들이 시공간의 제약 없이 배울 수 있는 교육 환경을 제공한다.

결국, 미래의 태권도장은 지역의 교육기관을 넘어 글로벌 네트워크 속에서 서로 연결되고 성장하는 공동체로 자리 잡아야 한다. 이것이 곧 대한민국 태권도의 위상을 높이고, 세계인이 함께하는 교육적 가치로 확장되는 길이다.

> **핵심 메시지**
> - "태권도의 미래는 국경을 넘어 하나로 연결될 때 완성된다."
> - 해외 교류, 글로벌 마케팅, 그리고 세계 속 도장의 역할은 단순한 선택이 아니라 태권도의 지속 가능한 성장 전략이다.

글로벌 마케팅 채널

온라인 플랫폼을 통한 확산 전략

디지털 세상에서 태권도의 브랜드 가치는 보이는 만큼 존재한다. 유튜브, 인스타그램, 틱톡과 같은 글로벌 플랫폼은 태권도의 기술과 철학을 동시에 전할 수 있는 핵심 무대다.

- 영상 콘텐츠: 짧고 강렬한 시범 영상, 수련생의 성장 스토리, 인

성 교육 장면은 국적을 초월해 감동을 준다.
· 다국어 자막: 영어·스페인어·중국어 자막을 기본 제공해 세계인이 이해할 수 있도록 한다.
· 스토리텔링 중심: '우리 도장 이야기'보다는 '태권도가 한 아이의 삶을 어떻게 바꿨는가'라는 서사 중심의 콘텐츠가 국제적인 공감을 이끌어 낸다.

글로벌 브랜딩의 기본 원칙

태권도를 세계에 알리는 과정은 단순한 홍보가 아닌 브랜딩이다.

· 일관성: 로고, 색상, 메시지를 통일해 어느 나라에서 보더라도 같은 정체성을 느끼게 한다.
· 현지화(Localization): 각 나라의 문화적 특징을 반영해 콘텐츠를 다듬는다. 예를 들어, 서구권에서는 '도전과 성취'를, 아시아권에서는 '존중과 인성'을 강조하는 식이다.
· 신뢰성: 전문성 있는 지도자 이미지와 실제 수련생·학부모의 인터뷰를 통해 진정성을 전달한다.

네트워크 기반 확장

글로벌 마케팅은 단독으로는 한계가 있다. 연결과 협력이 필요하다.

· 국제 태권도 협회·연맹과의 협업: 공식적인 채널을 활용하면 브랜드 신뢰도가 크게 올라간다.

- 해외 도장 파트너십: 교류 도장을 지정해 상호 홍보와 콘텐츠 교환을 진행한다.
- 온라인 연수 프로그램: 해외 지도자나 수련생을 대상으로 하는 온라인 특강은 하나의 훌륭한 마케팅 수단이 된다.

> **핵심 메시지**
> - 글로벌 마케팅 채널은 단순한 홍보 수단이 아니다. 그것은 태권도의 가치와 철학을 세계에 전하는 새로운 도장이자 미래 세대를 연결하는 교육 플랫폼이다.
> - "보이는 만큼 존재한다. 공유되는 만큼 확산된다."
> - 태권도의 글로벌화는 채널의 전략적 활용에서 시작된다.

세계 속 태권도장의 역할

문화 교류의 장

 태권도는 언어가 달라도 몸으로 소통할 수 있는 보편적 문화다. 세계 속 태권도장은 국가와 지역을 초월해 문화 교류의 다리가 된다.

 전통과 현대가 함께하는 태권도 공연, 품새 시범, 무도 철학 강연은 국가 간 이해를 넓힌다.

 해외 도장과의 자매결연이나 교환 프로그램은 수련생들에게 세계 시민으로 성장할 수 있는 기회를 제공한다. 태권도장은 문화를 전하는 '살아 있는 교과서'다.

평화의 사절

태권도의 기본 정신은 예(禮), 의(義), 인(仁), 용(勇)이다. 이는 국경이나 인종을 넘어선 인류 보편적 가치다.

국제 분쟁이나 갈등 상황 속에서도 태권도는 화합과 평화의 상징으로 기능해 왔다.

도장은 어린이, 청소년에게 서로 존중하는 법을 가르치며, 세계 평화를 실천하는 작은 학교가 된다. 태권도장은 세계가 필요로 하는 평화 메신저다.

교육 혁신의 선도자

세계 속 태권도장은 단순한 훈련장이 아니라 글로벌 교육 플랫폼이 되어야 한다.

AI·온라인 플랫폼을 활용해 국경을 초월한 수업을 제공한다.

인성·리더십·사회성 교육을 포함해 미래형 교육 모델을 선도한다.

국제 연수, 지도자 워크숍, 온라인 캠프를 통해 전 세계가 동시에 배우고 성장하는 교육 네트워크를 구축한다. 태권도장은 글로벌 시대의 새로운 학교다.

핵심 메시지

- 세계 속 태권도장은 더 이상 지역 단위의 무도장이 아니라, 문화·평화·교육을 세계에 전하는 글로벌 거점이다.
- "태권도장은 작은 공간이지만, 그 안에서 길러진 철학과 인성은 세계를 바꿀 수 있다."

AI 시대를 넘어,
사람으로 완성되는 경영

장

시대를 초월한 교육 가치

AI는 시대의 흐름 속에서 우리에게 새로운 기회를 주고 있다. 데이터 분석을 통해 수련생의 출석을 관리하고, 성취도를 기록하며, 개인 맞춤형 훈련을 제안하는 일은 이제 충분히 가능하다. 경영자 입장에서 이러한 변화는 분명 큰 도움이 된다. 더 효율적이고, 더 빠르고, 더 정확하게 도장을 운영할 수 있기 때문이다.

그러나 독자 여러분께 묻고 싶다.
"과연 태권도 교육의 본질은 무엇인가?"
AI는 우리의 시간을 줄여 주지만, 아이의 마음을 만져줄 수는 없다.
AI는 훈련의 패턴을 제시해 줄 수 있지만, 땀방울 속에서 배우는 인내와 성취의 감동을 대신 전해 줄 수는 없다.

태권도 교육은 단순한 기술 전수가 아니다. 그것은 사람을 변화시키는 과정이다.

어린 제자가 처음 도복을 입고 매트를 밟으며 느끼는 긴장,
지도자의 눈빛에서 읽히는 신뢰와 따뜻한 격려,
넘어졌다가 다시 일어나며 배우는 끈기와 용기,
그리고 함께 수련하며 만들어지는 동료애와 배려심.

이 모든 것은 시대가 아무리 변해도, AI가 아무리 발달해도, 오직 사람과 사람의 관계 속에서만 완성된다.

작은 일화

어느 날, 겨루기 수업에서 한 아이가 끝내 상대를 이기지 못하고 매트 위에 주저앉아 울음을 터뜨린 적이 있었다. 그 순간 AI였다면, 아마 데이터 기록에 '실패'라는 항목을 남겼을 것이다. 그러나 지도자는 그 아이 옆에 앉아 땀에 젖은 등을 토닥이며 말했다.

"이기는 것도 중요하지만, 오늘 너는 끝까지 포기하지 않았다는 게 더 큰 승리야."

그 한마디에 아이는 눈물을 닦고 다시 일어섰다. 그리고 그날 이후, 그 아이는 단 한 번도 수련을 빠지지 않았다.

이것이 바로 태권도 교육이다. 단순히 강해지는 것이 아니라, 사람답게 자라는 것. AI는 효율을 준다. 하지만 아이의 가슴 속에 불씨를 심고, 꺼지지 않게 지켜 주는 것은 언제나 사람이다.

태권도 교육이란 결국 '기술을 가르치는 일'이 아니라 '사람을 사람답게 길러 내는 일'이다. 품새와 겨루기는 그 과정에서 사용하는 도구일 뿐, 진짜 목표는 인성과 철학 그리고 삶의 태도를 심어 주는 것이다.

따라서 시대를 초월한 교육 가치는 이렇게 요약할 수 있다.

· 기술은 변한다. 그러나 사람의 성장은 변하지 않는다.
· 도구는 진화한다. 그러나 철학은 이어져야 한다.
· AI는 수단이다. 그러나 교육은 언제나 사람이다.

독자 여러분, 이 책을 덮으며 꼭 기억해 주셨으면 한다.
AI는 우리 도장을 더 효율적으로 만들어 줄 것이다. 그러나 도장의 영혼을 빛나게 하는 것은 언제나 사람이다. 그리고 그 사람을 세우는 힘이 바로 태권도 교육이다.

사람 중심 경영의 최종 목표

"경영의 최종 목표는 시스템이 아니라 사람의 마음속에 남는 울림이다."

숫자가 아닌 마음을 남기는 경영

AI가 출석을 기록하고, 진도를 분석하며, 심지어는 개인 맞춤 훈련까지 제시해 주는 시대다. 그러나 그 데이터 속에는 아이의 눈빛, 부모의 마음, 지도자의 따뜻한 손길이 담겨 있지 않다. 태권도 경영의 진짜 목표는 회원 수나 수익이 아니라 한 사람의 마음에 평생 남는 울림을 주는 것이다.

태권도를 통해 길러지는 따뜻한 가치들

태권도 교육이 위대한 이유는 단순히 발차기나 품새를 잘하게 만드는 데 있지 않다. 태권도를 통해 아이들은 다음과 같은 사람다움을 배운다.

- 배려: 함께 수련하는 친구를 기다려 주고, 넘어지면 손을 잡아 일으켜 세운다.
- 인내: 수십 번의 실패 끝에 겨우 한 번 성공하는 경험을 통해 '포기하지 않는 힘'을 배운다.
- 존중: 나보다 어린 제자에게도 예의를 갖추고, 부모님과 지도자에게 감사의 절을 올린다.
- 따뜻한 감성: 시합에서 진 친구의 눈물을 닦아 주며 "괜찮아. 넌 충분히 잘했어."라고 말하는 순간에 길러진다.

이것이야말로 AI가 절대로 대신할 수 없는 교육의 힘이다.

학부모와 지도자가 함께 공감해야 할 목표

이 책을 읽는 지도자와 학부모께 전하고 싶은 말이 있다.

태권도장은 단순히 아이를 맡겨 두는 공간이 아니라, 사람다운 아이로 자라게 하는 학교다. 지도자는 단순히 기술을 가르치는 스승이 아니라, 아이의 인생에 감동을 남기는 멘토다. 학부모는 단순히 수강료를 내는 보호자가 아니라, 함께 철학을 만들어 가는 교육 파트너. 사람 중심 경영은 이 세 축이 함께할 때 완성된다.

사람 중심 경영의 결론

AI는 효율을 주고, 시스템은 편리를 준다. 그러나 교육의 본질은 언제나 사람의 성품과 마음을 빚어내는 데 있다.

태권도장의 최종 목표는 결국,
따뜻한 감성을 가진 아이,
존중을 실천하는 청소년,
배려와 인내를 삶에 새기는 어른을 길러 내는 것이다.

그리고 그것이야말로 세상에 남길 수 있는 가장 위대한 유산이다.

"도장은 건물이 아니라 마음이다.
경영의 최종 목표는 시설이 아니라 사람이다.
그리고 사람을 사람답게 세우는 힘, 그것이 태권도 교육의 본질이다."

다음 세대를 위한 유산

AI가 가져온 혁신은 태권도 경영에 새로운 가능성을 열어 주었다. 출석 관리, 데이터 분석, 개인 맞춤 교육 등은 더 정교하고 효율적인 운영을 가능하게 했다. 그러나 독자 여러분, 우리가 진정으로 다음 세대에 남겨야 할 유산은 과연 무엇일까?

그것은 기술도, 건물도, 재정적 성과도 아니다. 시간이 지나면 모두 사라질 수 있다. 하지만 결코 사라지지 않는 유산이 있다. 그것은 사람을 남기는 것이다.

도장을 거쳐 간 수많은 제자들이 태권도를 통해 배운 인내와 존중, 배려와 따뜻한 감성을 가지고 살아가는 것. 그것이야말로 지도자가 세상에 남길 수 있는 가장 위대한 업적이다.

유산은 건물이 아니라 철학이다

도장의 건물은 언젠가 낡고 사라지지만, 사람의 마음에 새겨진 철학은 세대를 넘어 이어진다. 오늘의 지도자가 전한 격려 한마디, 포기하지 않도록 잡아준 손길, 정직하게 살아가야 한다는 가르침은 제자의 삶 속에서 살아 움직이며 또 다른 세대에게 전해진다.

AI 시대에도 변하지 않는 진리

AI는 도장의 운영을 돕는 훌륭한 도구지만, 사람을 사람답게 길러내는 일은 결코 기계가 대신할 수 없다.

시대는 바뀌고 기술은 진화하지만, 이 모든 것은 오직 사람만이 할 수 있는 교육이다.

아이의 눈빛 속에서 가능성을 발견해 주는 것,

넘어졌을 때 다시 일으켜 세워주는 것,

함께 흘린 땀 속에서 배려와 존중을 배우게 하는 것.

다음 세대를 향한 우리의 책임

이 책을 읽는 지도자와 학부모 그리고 앞으로 태권도의 길을 걷게 될 후배들에게 전하고 싶다.

"태권도장의 성공은 오늘을 위한 것이 아니라, 내일을 위한 것이다."

우리가 지금 세워가는 철학과 교육의 방식은 고스란히 다음 세대에게 유산으로 전해진다. 따라서 우리는 기술보다 사람을, 편리함보다 교육의 본질을, 순간의 성과보다 다음 세대의 성장을 더 깊이 생각해야 한다.

최종 결론

이 책은 AI 시대의 변화를 이야기하며 시작되었다. 그러나 마지막에 다시 강조하고 싶은 것은 단 하나다.

"AI는 수단이고, 사람은 목적이다."

AI는 우리를 도와줄 수 있지만, 교육의 본질을 대신할 수는 없다.

태권도 교육은 결국 사람으로 시작해, 사람으로 완성된다.

그리고 사람을 남기는 도장만이 진정한 성공을 이룬다.

마지막 울림

"시대는 변하지만, 사람은 남는다.
AI는 발전하지만, 교육은 사람으로 완성된다.
내가 남길 유산은 건물이 아니라, 사람이다.
그리고 그것이 태권도의 진짜 미래다."

에필로그

기술은 변하지만, 사람은 여전히 남는다.

책장을 덮는 지금, 다시 한번 생각해 본다.

태권도장은 무엇으로 존재하는가?

AI와 기술이 아무리 정교해져도, 도장은 여전히 사람들의 땀과 웃음, 눈물과 도전이 스며든 삶의 공간이다.

도장에서 아이들은 수없이 넘어지며 다시 일어서는 법을 배우고, 서툰 발차기 속에서도 자신감을 키우며, 함께 구호를 외치며 동료를 존중하는 마음을 익힌다.

지도자의 한마디 격려, 부모의 따뜻한 눈빛, 제자들 사이의 배려는 어떤 데이터에도 기록되지 않지만, 그 순간 아이의 인생 속에 깊은 흔적으로 남는다.

관계가 만들어 내는 진짜 성공.

태권도 교육은 '기술'이 아니라 '관계'에서 완성된다.

스승과 제자의 관계, 부모와 도장의 관계 그리고 제자와 제자 사이의 관계 속에서 아이들은 배려와 존중을 배우고, 인내와 따뜻함을 경험한다.

AI는 출석을 기록할 수 있지만, 아이의 눈물을 닦아 주는 일은 할 수 없다.

AI는 발차기의 속도를 계산할 수 있지만, 포기하지 않고 도전하는 용기를 길러 주지는 못한다.

그래서 도장의 진짜 성공은 시스템에 있지 않고, 사람의 마음에 남는 울림에 있다.

다음 세대를 위한 길.

이제 우리의 시선은 미래를 향해야 한다.

태권도장은 단지 한 세대의 성공을 위해 존재하지 않는다.

오늘 우리가 남긴 가르침은 다음 세대 지도자와 제자들에게 이어진다.

건물은 사라질 수 있고, 기술은 변할 수 있지만, 사람 속에 심어진 철학과 가치는 세대를 건너 살아남는다.

내가 키운 제자가 또 다른 누군가의 스승이 되어 배려와 존중을 가르친다면, 그것이야말로 우리가 남긴 가장 위대한 유산일 것이다.

마지막으로 이 책의 첫 장에서 던졌던 질문,

"AI 시대, 태권도장의 성공은 어디에서 시작되는가?"
그 답은 이제 분명하다.
AI는 도구일 뿐이고, 태권도장의 진짜 성공은 사람에게서 시작되어 사람으로 완성된다는 사실이다.

"기술은 발전하지만, 교육은 사람으로 이어진다.
시대는 변하지만, 철학은 남는다.
그리고 도장의 미래는 결국, 사람이다."